제가 수업마다 강조해서 하는 말이 있습니다.

"**요리는 암기가 아니라 이해하는 것이다**"입니다. 요리는 절대 외워서 되는 것이 아닙니다. 동작 하나하나 이해하고 재료의 특성을 먼저 파악하고 이해해야 비로소 조리의 완성이 될 수 있는 것입니다.

조리사 시험을 준비하시는 모든 분들께서 시간이 없거나 학원비가 부담되어 시험을 포기하는 일이 생기지 않도록 언제 어디서라도 수업을 들을 수 있도록 유튜브 무료 수업과 시험장과 동일한 재료를 집에서도 연습하실 수 있도록 실기 재료를 판매 하고 있습니다. 연습 후 피드백이 필요하신 분들을 위해서 카페를 통해 평가를 하여 수험생 여러분을 위하여 최상의 준비를 하고 있습니다.

조금은 힘드시겠지만 요리는 행복을 요리하고 누군가에게 그 행복을 전하는 일입니다.
저와 함께 꽃길만 걸어가자구요.
그 길을 함께 걸어가고 이 책을 위해 헌신해 준 우리 학생들, 선생님들, 출판사 여러분께 진심으로 감사드립니다.

대한민국 조리기능장 **하혜란**

접수 방법 및 응시 절차

1 **필기 원서 접수** : Q-net을 통한 인터넷 원서 접수(비회원의 경우 우선 회원 가입, 사진 등록 후 접수)
- ✓ **필기 응시료** : 14,500원

2 **필기 시험** : 수험표, 신분증, 필기류 지참
- ✓ **시험과목** : 한식 재료관리, 음식조리 및 위생관리
- ✓ **문항수** : 총 60문항(100점 만점에 60점 이상 합격)

3 **합격자발표** : CBT 시험은 시험 종료 즉시 발표

4 **실기 원서 접수** : 한국기술자격검정원(www.Q-net.0r.kr)에서 원서접수
- ✓ **실기 응시료** : 양식(29,600원) 한식(26,900원) 중식(28,500원) 일식(30,800원) 복어(35,100원)

5 **실기 시험** : 신분증, 시험 종목에 따른 준비물 지참(100점 만점에 60점 이상 합격)

6 **최종합격자 발표** : Q-net을 통한 합격 확인

7 **자격증 교부** : www.Q-net.or.kr에서 발급을 신청(방문수령, 우체국 배송)
- ✓ **자격증 발급 수수료** : 3,100원(배송비 별도)
- ✓ **신청접수기간** : 합격자 발표 후 60일 이내로 권고
- ✓ **문의전화** : 1644-8000(월~금 09:00~18:00)

최신출제 완벽반영 저자직강 무료인강

유튜버 하쌤의
한식 조리기능사 실기

실기 무료강의 전체제공 with ▶ YouTube

국가공인 조리기능장 **하혜란** 저자

- ✓ NCS 한식조리기능사 **실기 상시시험대비!**
- ✓ 한국산업인력공단 **최신출제기준 완벽 반영!**
- ✓ 조리과정 사진으로 **한눈에 정리!**
- ✓ 휴대용 핵심 **레시피 수록!**
- ✓ 실기재료 **할인권 제공!**
  - 이용방법 | 하쌤 네이버 카페에서 교재 인증 시 제공
- ✓ 추가품목 **배추김치/오이소박이 수록!**

요리는 암기가 아니라 이해하는 것이다

존경하는 수험생 여러분 행복을 요리하는 하쌤입니다.
한국조리과학고등학교 입학과 동시에 조리기능사 자격증 메뉴에 대한 공부를 시작한지 벌써 20년이 지나버렸습니다.
조리 강사를 시작하면서 제 머릿속은 온통 조리 기능사라는 항목을 어떻게 하면 쉽고 재미있고 이해가 빠르게 교육할 수 있을까?라는 생각만 가득 차 있었습니다.

저는 수년이 지난 지금도 자격증 수업을 할 때는 신이 나고 즐겁고 설레입니다.
마치 빈 도화지에 그림을 그리듯 내 실력을 아낌없이 발휘하여 음식을 만들어 나가는 단계마다 너무 신기하고 기분이 좋아지곤 합니다. 그리고 그 기술을 수험생분들이 이해하고 그대로 표현할 수 있도록 설명을 자세히 수업하고 수험생분들이 그것을 이해하시고 메뉴를 만들어 나가는 모습을 보고 있으면 그것 자체가 저에게는 뿌듯함과 힐링이 밀려옵니다. 그래서 저의 수업은 설명도 길고 말이 너무 많습니다. 요즘 뭐든지 빨리빨리~말도 줄여 줄임말로 하는 시대와 맞지 않죠? 하지만 처음 요리를 정식으로 배우시는 분들이라면 빠르게 편집되어 있는 영상보다 천천히 진행되는 요리 동영상을 보시길 추천 드립니다. 그러다 조금 손에 익어진다면 2가지식 진행되는 수업을 보시길 추천드립니다.
시험장에는 한 개의 불을 사용하면서 2가지 메뉴를 함께 위생적으로 조리하는 중간 조리단계가 가장 중요합니다.

실기 준비물 사진

유튜브로 자세히 보실 수 있습니다.(하쌤 요리학원-한식실기시험준비물 검색)

※ **유튜브 영상 참고**

　　https://www.youtube.com/watch?v=i8Rtub6wyH8

실기준비물
영상 바로가기

시험정보
GUIDE

실기시험 준비물

1	가위	조리용	EA	1	
2	계량스푼	사이즈별	SET	1	
3	계량컵	200mL	EA	1	
4	공기	소	EA	1	
5	국대접	소	EA	1	
6	김발	20cm정도	EA	1	
7	냄비	조리용	EA	1	시험장에도 준비되어 있음
8	랩, 호일	조리용	EA	1	
9	밀대	소	EA	1	
10	비닐팩		EA	1	
11	석쇠	조리용	EA	1	시험장에도 준비되어 있음
12	소창 또는 면보	30×30cm 정도	장	1	
13	쇠조리(혹은 채)	조리용	EA	1	시험장에도 준비되어 있음
14	숟가락	스테인리스제	EA	1	
15	앞치마	백색(남녀공용)	EA	1	
16	위생모 또는 머리수건	백색	EA	1	
17	위생복	상의(백색) / 하의긴바지(색상무관)	벌	1	※ 상의 : 손목까지 오는 긴소매 위생복장을 제대로 갖추지 않은 경우는 감점처리 됩니다.
18	위생타올	면 또는 키친타올 등	매	1	

19	젓가락	나무젓가락 또는 쇠젓가락	EA	1	
20	종이컵	-	EA	1	
21	칼	조리용칼, 칼집포함	EA	1	
22	프라이팬	소형	EA		시험장에도 준비되어 있음
23	상비의약품				손가락 골무, 밴드 등 가벼운 상처를 치료할 수 있는 것
24	접시				
25	종지				
26	볼(bowl)				
27	뒤집개				
28	집게				

시험정보
GUIDE

앞치마 매는법

유튜브로 자세히 보실 수 있습니다.(하쌤 앞치마 매는 법 검색)

※ **유튜브 영상 참고**

https://youtu.be/PcV__VFFl4g

앞치마 매는 법
영상 바로가기

조리복 사진

※ **마스크 필수 착용**

개인 위생상태 세부기준 안내

순번	구분	세부 기준
1	위생복	· 상의 : 흰색, 손목까지 오는 긴소매 (※티셔츠는 위생복에 해당하지 않음) · 하의 : 색상무관, 긴바지 · 짧은 소매, 긴 가운, 반바지, 짧은 치마, 폭넓은 바지 등 안전과 작업에 방해가 되는 모양이 아니어야 하며, 조리용으로 적합할 것
2	위생모	· 흰색 · 일반 조리장에서 통용되는 위생모
3	앞치마	· 흰색 · 무릎아래까지 덮이는 길이
4	위생화 또는 작업화	· 색상 무관 · 위생화, 작업화, 발등이 덮이는 깨끗한 운동화 · 미끄러짐 및 화상의 위험이 있는 슬리퍼류, 작업에 방해가 되는 굽이 높은 구두, 속 굽 있는 운동화 등이 아닐 것
5	장신구	· 착용 금지 · 시계, 반지, 귀걸이, 목걸이, 팔찌 등 이물, 교차오염 등의 식품위생 위해 장신구는 착용하지 않을 것
6	두발	· 단정하고 청결할 것 · 머리카락이 길 경우, 머리카락이 흘러내리지 않도록 단정히 묶거나 머리망 착용할 것
7	손톱	· 길지 않고 청결해야 하며 매니큐어, 인조손톱 등을 부착하지 않을 것

· 위생복, 위생모, 앞치마(이하 위생복) 착용에 대한 기준

　① 위생복 미착용 → 실격(채점대상 제외) 처리

　② 유색의 위생복 착용 → "위생상태 및 안전관리" 항목 배점 0점 처리

　※ 위생복을 착용하였더라도 세부기준을 준수하지 않았을 경우 감점 처리

· 개인위생, 조리도구 등 시험장내 모든 개인물품에는 기관 및 성명 등의 표시가 없어야 합니다.

안전관리 세부 기준

1. 조리장비·도구의 사용 전 이상 유무 점검
2. 칼 사용(손 빔) 안전 및 개인 안전사고 시 응급조치 실시
3. 튀김기름 적재장소 처리 등

수험자 유의사항

1. 만드는 순서에 유의하며, 위생과 숙련된 기능평가를 하여 조리작업 시 맛을 보지 않습니다.
2. 지정된 수험자지참준비물 이외의 조리기구나 재료를 시험장내에 지참할 수 없습니다.
3. 지급재료는 시험 전 확인하여 이상이 있을 경우 시험위원으로부터 조치를 받고 시험 중에는 재료의 교환 및 추가지급은 하지 않습니다.
4. 요구사항의 규격은 "정도"의 의미를 포함하며, 지급된 재료의 크기에 따라 가감하여 채점합니다.
5. 위생복, 위생모, 앞치마를 착용하여야 하며, 시험장비 조리도구 취급 등 안전에 유의합니다.
6. 다음 사항에 대해서는 채점대상에서 제외하니 특히 유의하시기 바랍니다.
    1) 기권 : 수험자 본인이 시험 도중 시험에 대한 포기 의사를 표현하는 경우
    2) 실격
        ① 가스레인지 화구 2개 이상(2개 포함) 사용한 경우
        ② 불을 사용하여 만든 조리작품이 작품특성에 벗어나는 정도로 타거나 익지 않은 경우
        ③ 위생복, 위생모, 앞치마를 착용하지 않은 경우
        ④ 시험 중 시설·장비(칼, 가스레인지 등)사용시 시험위원 및 타수험자의 시험 진행에 위해를 일으킬 것으로 시험위원 전원이 합의하여 판단한 경우

3) 미완성

　① 시험시간 내에 과제 두 가지를 제출하지 못한 경우

　② 문제의 요구사항대로 과제의 수량이 만들어지지 않은 경우

4) 오작

　① 구이를 조림 등으로 조리하여 완성품을 요구사항과 다르게 만든 경우

　② 해당과제의 지급재료 이외의 재료를 사용하거나 석쇠 등 요구사항의 조리도구를 사용하지 않는 경우

5) 요구사항에 표시된 실격, 미완성, 오작에 해당하는 경우

7. 항목별 배점은 위생상태 및 안전관리 5점, 조리기술 30점, 작품의 평가 15점입니다.

8. 시험시작 전 가벼운 몸 풀기(스트레칭) 동작으로 긴장을 풀고 시험을 시작합니다.

출제 기준

1. 직무내용 : 한식 조리분야에 제공될 음식에 대한 기초 계획을 세우고 식재료를 구매, 관리, 손질하여 맛, 영양, 위생적인 음식을 조리하고 조리기구 및 시설관리를 유지하는 직무

2. 수행준거

　① 한식의 고유한 형태와 맛을 표현할 수 있다.

　② 식재료의 특성을 이해하고 용도에 맞게 손질 할 수 있다.

　③ 한식 조리에 필요한 식재료의 분량과 양념의 비율을 맞출 수 있다.

　④ 조리과정의 순서를 알고 적절한 도구를 사용할 수 있다.

　⑤ 기초조리기술을 능숙하게 할 수 있다.

　⑥ 완성한 음식을 적절한 그릇을 선택하여 담는 원칙에 따라 모양 있게 담을 수 있다.

　⑦ 조리과정이 위생적이고, 정리정돈을 잘 할 수 있다.

고명

음식의 겉모양과 색을 좋게 하기 위해 장식하는 것을 말한다. 웃기 또는 꾸미라고도 한다. 한식의 고명은 오방색을 기본으로 붉은색, 녹색, 노란색, 검정색, 흰색이 기본이다.

달걀 지단
· 달걀을 흰자와 노른자로 나누어 팬에 얇게 펴서 익혀낸다.
· 채를 썰거나 골패모양, 마름모꼴 모양 등으로 음식에 고명으로 사용한다.

표고버섯, 석이버섯
· 말린 표고버섯을 불려서 채를 썰거나 골패모양으로 썰어 사용한다.
· 석이버섯은 가늘게 채썰어 사용한다.

통잣, 비늘잣, 잣가루
· 잣은 실백이라고도 하며, 고깔을 떼고 사용한다.
· 종이나 한지에 잣을 놓고 칼로 곱게 다져서 고슬고슬하게 사용한다.

고추, 실고추
· 고추는 씨를 빼고 채를 썰거나, 어슷썰기, 골패형으로 사용한다.
· 실고추는 적당하게 끊어서 사용한다.

밤
· 겨자채에 편썰기로 사용한다.

기본 썰기

반달썰기, 은행잎썰기

· 무, 호박, 감자 등을 반으로 가른 다음 반달 모양으로 써는 방법

골패썰기

· 무, 당근, 오이 등을 직사각형 모양으로 얇게 써는 방법

채썰기

· 무, 당근 등을 얇게 저며 가늘게 써는 방법

돌려깎기

· 오이, 호박 등 겉껍질을 돌려 깎는 방법

어슷썰기

· 고추, 대파 등을 어슷하게 써는 방법

다지기

· 파, 마늘, 생강 등을 곱게 만드는 방법

오감(5 sense)

요리는 오감(5가지 감각)이 있어야 한다.(시각, 청각, 미각, 후각, 촉각)

시각	청각	촉각	후각	미각
Sight	Hear	Touch	Smell	Taste

요리하는 순서

다년간의 수험 하쌤만의 노하우로 수업시 가장 중요하게 고려하는 순서입니다.
꼭! 참고하시고 2개의 메뉴를 조합해 보시면 연습하시는데 큰 도움이 될수 있습니다.

1 세척·분리하기
(불려야 되는 것 / 물에 젖으면 안되는 것)

2 데치기
(숙주, 청포묵, 무, 당근, 미나리, 홍합)

3 삶기 / 겨자발효
(밥짓기, 반죽하기, 육수 끓이기, 편육 / 오래 삶아야 하는 것)

4 썰기
(절이기 / 깨끗한 재료부터)

5 양념
당면삶기(양념장, 달걀 황·백분리, 고기반죽)

6 팬작업

7 냄비작업

8 석쇠작업

9 무치기

10 그릇담기

목차 CONTENTS

Intro

- 02 　머리글
- 04 　시험정보

Part 1. 시험시간 15분

- 20 　무생채
- 24 　도라지생채

Part 4. 시험시간 30분

- 96 　더덕구이
- 100 섭산적
- 104 생선양념구이
- 108 생선찌개
- 112 오징어볶음
- 118 완자탕
- 124 장국죽
- 128 제육구이
- 132 콩나물밥

Part 5. 시험시간 35분

- 138 겨자채
- 142 미나리강회
- 146 배추김치
- 152 잡채
- 158 지짐누름적
- 164 탕평채
- 170 화양적

Part 2. 시험시간 20분

30	더덕생채	
36	두부젓국찌개	
40	북어구이	
46	오이소박이	
52	육원전	
56	육회	
60	표고전	
64	홍합초	

Part 3. 시험시간 25분

70	너비아니	
74	두부조림	
78	생선전	
84	재료썰기	
90	풋고추전	

Part 6. 시험시간 40분

178	칠절판	

Part 8. 휴대용 핵심 레시피

194	휴대용 핵심 레시피

Part 7. 시험시간 50분

186	비빔밥	

Part 1.

시험시간 15분

무생채

 시험시간 15분

📔 같이 공부해보세요.
비빔밥(50분), **칠절판**(40분), **화양적**(35분)

요구사항
※ 주어진 재료를 사용하여 다음과 같이 무생채를 만드시오.

① 무는 0.2cm×0.2cm×6cm 정도 크기로 썰어 사용하시오.

② 생채는 고춧가루를 사용하시오.

③ 무생채는 70g 이상 제출하시오.

✏️ 크기비교

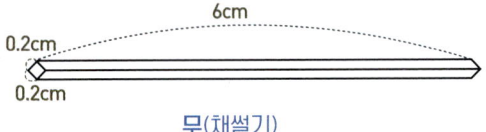

무(채썰기)

지급재료

① 무(길이 7cm) 120g
② 대파(흰부분, 4cm) 1토막
③ 마늘 1쪽(중, 깐 것)
④ 생강 5g
⑤ 소금 5g
⑥ 고춧가루 10g
⑦ 설탕 10g
⑧ 식초 5mL
⑨ 깨소금 5g

🥄 조리과정

01 재료를 깨끗이 세척해 주세요.

02 무는 껍질을 제거하고 6cm 길이로 재단한 뒤 0.2cm 두께로 일정하게 채를 썰어 주세요.

03 파, 마늘, 생강을 곱게 다져 줍니다.

04 고춧가루를 체에 걸러 고운 고춧가루로 색이 너무 진하지 않도록 버무려 줍니다.

> **Tip** 고운 고춧가루가 지급되었을 때에는 체에 거르지 않아도 됩니다.

05 식초 1작은술, 설탕 1작은술, 소금 약간, 다진 파, 마늘, 생강, 깨소금 약간을 넣고 버무려 주세요.

06 제출 직전에 버무리고 담아야 물이 생기지 않습니다. 완성 접시에 완성한 무생채를 모양 있게 담아 주세요.

07 무생채 완성

합격 Point!

 생채는 반드시 **제출 직전에 버무려 담아**주세요.

 색이 너무 **진하게 나오지 않도록 유의**해 주세요.

도라지생채

 시험시간 15분

📖 같이 공부해보세요.

칠절판(40분), **잡채**(35분), **화양적**(35분), **비빔밥**(50분)

📋 요구사항

※ 주어진 재료를 사용하여 다음과 같이 도라지 생채를 만드시오.

① 도라지는 0.3cm×0.3cm×6cm 로 써시오.
② 생채는 고추장과 고춧가루 양념으로 무쳐 제출하시오.

📏 크기비교

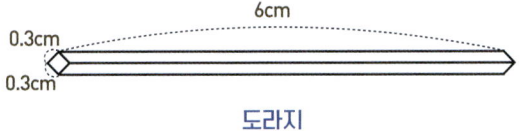

도라지

🧾 지급재료

① 통도라지
　(껍질 있는 것)
　3개
② 대파(흰부분,
　4cm) 1토막
③ 마늘(중, 1쪽)

④ 고추장 20g
⑤ 고춧가루 10g
⑥ 식초 15mL
⑦ 소금 5g
⑧ 흰설탕 10g
⑨ 깨소금 5g

🥄 조리과정

01 도라지는 잔뿌리를 제거하고 깨끗이 세척하여 이물질이 나오지 않도록 유의해 주세요.

02 6cm로 재단하여 옆으로 돌려가며 껍질을 제거합니다.

03 0.3cm 두께로 가늘고 일정하게 전량을 채 썰어 주세요.

04 물 한 컵, 소금 1큰술을 넣고 절여 도라지의 쓴맛을 제거해 주세요.
Tip 너무 오래 절이지 않습니다.

05 파, 마늘은 곱게 다져 주세요.

06 고추장 1/2큰술, 고춧가루 1작은술, 설탕 1작은술, 식초 1작은술, 깨소금 약간을 넣어 양념장을 만들어 줍니다.

07 절여진 도라지를 흐르는 물에 여러 번 씻어 염분을 제거합니다. 마른행주 또는 면보를 이용해 수분을 완벽히 제거해주세요.

08 미리 만들어 놓은 양념장을 이용하여 제출 직전에 고루 버무려 줍니다.

09 완성된 도라지 생채를 그릇에 돌려 담아 모양 있게 담아 줍니다.

10 도라지 생채 완성

합격 Point!

- ✓ **짝꿍이 되어 나오는 메뉴와의 시간 조합을 잘 고려**하여 채를 써는 시간을 생각해 주세요.
- ✓ 무침이나 생채는 **제출 직전에 버무려** 냅니다.

Part 2.

시험시간 20분

더덕생채

 시험시간 20분

같이 공부해보세요.

제육구이(30분), **화양적**(35분), **생선양념구이**(30분), **지짐누름적**(35분), **미나리강회**(35분), **섭산적**(30분), **잡채**(35분), **칠절판**(40분), **비빔밥**(50분), **배추김치**(35분)

요구사항

※ 주어진 재료를 사용하여 다음과 같이 더덕 생채를 만드시오.

① 더덕은 5cm로 썰어 두들겨 편 후 찢어서 쓴맛을 제거하여 사용하시오.
② 고춧가루로 양념하고, 전량 제출하시오.

크기비교

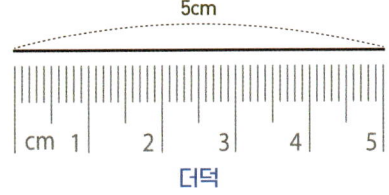

지급재료

① 통더덕 2개
  (껍질 있는 것,
  길이 10~15cm)
② 마늘(중, 1쪽)
③ 대파 1토막
  (흰 부분 4cm
  정도)
④ 고추가루 20g
⑤ 설탕 5g
⑥ 소금 5g
⑦ 식초 5mL
⑧ 깨소금 5g

🥄 조리과정

01 재료를 깨끗이 세척하여 주세요. 더덕은 주름이 깊어 흙이 사이사이에 많이 묻어 있으므로 세척에 신경을 쓰도록 합니다.

02 5cm 길이로 재단한 더덕은 껍질을 옆으로 돌려가며 제거해 주세요. 자른 단면에서 진액이 나올 수 있으므로 손이나 칼에 묻지 않도록 유의해 주세요.

03 두꺼운 더덕은 3등분 하여 편을 썰고 나머지 더덕은 칼집을 넣어 줍니다. 이때 가운데 심지 부분이 잘 절여질 수 있도록 칼집을 깊게 넣어 주세요.

04 소금 2큰술, 물 한 컵을 넣고 충분히 절여 주세요.

05 파, 마늘은 곱게 다져 놓습니다.

06 소금 1/2작은술, 설탕 1작은술, 깨소금 약간, 식초 1작은술을 넣어 양념장을 만들어 주세요.

07 잘 절인 더덕을 구부렸을 때 U자 형태로 구부려지면 잘 절여진 것으로 더덕에 염분이 남아 있지 않게 잘 헹구어 주고 마른 행주 위에 더덕을 놓고 밀대로 두들겨 펴주세요.

(Tip) 너무 강하게 힘을 주면 더덕이 부러질 수 있습니다.

08 최대한 가늘게 찢어줍니다.

(Tip) 이쑤시개를 이용하면 편리할 수 있습니다.

09 체에 거른 고운 고춧가루를 넣어 색을 내어 주세요.

(Tip) 고운 고춧가루가 지급되었을 때에는 체에 거르지 않아도 됩니다.

10 양념장을 넣어 새콤달콤한 더덕 생채를 만들어 주세요.

11 완성한 더덕 생채를 완성 접시에 모양 있게 담아주세요.

12 더덕 생채 완성

합격 Point!

- ✓ 더덕을 **가늘게 찢기 위하여 더덕을 빨리 절여야** 합니다.
- ✓ 시간이 부족할 수 있으니 **짝꿍메뉴와 시간을 잘 조합**해 보세요.
- ✓ 더덕을 두들길 때는 **자근자근 살살 두들겨 펴** 주세요.

Memo

두부젓국찌개

 시험시간 20분

같이 공부해보세요.
화양적(35분), **탕평채**(35분), **제육구이**(30분), **생선양념구이**(30분), **잡채**(35분), **섭산적**(30분), **더덕구이**(30분), **배추김치**(35분)

요구사항
※ 주어진 재료를 사용하여 다음과 같이 두부젓국찌개를 만드시오.

① 두부는 2cm×3cm×1cm로 써시오.

② 홍고추는 0.5cm×3cm, 실파는 3cm 길이로 써시오.

③ 소금과 다진 새우젓의 국물로 간하고, 국물을 맑게 만드시오.

④ 찌개의 국물은 200mL 이상 제출하시오.

크기비교

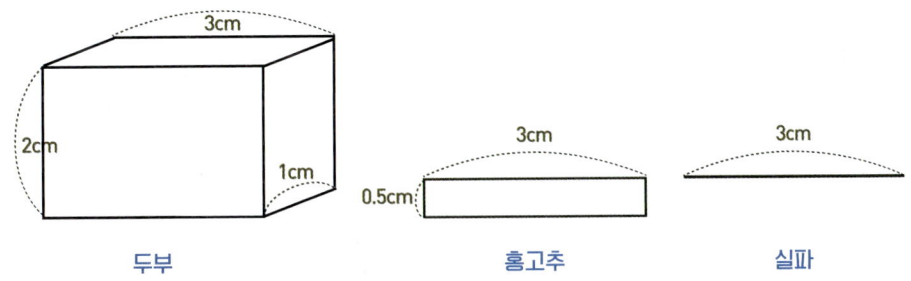

두부   홍고추   실파

지급재료

① 두부 100g
② 생굴(껍질 벗긴 것) 30g
③ 실파(20g 1뿌리)
④ 홍고추(생) 1/2개
⑤ 마늘(중, 깐 것) 1쪽
⑥ 새우젓 10g
⑦ 소금 5g
⑧ 참기름 5mL

조리과정

01 재료는 깨끗이 세척하고 굴은 소금을 이용하여 세척합니다.

Tip 세게 문질러 씻게 되면 내장이 터질 수 있으므로 흐르는 물에 살살 씻어주세요.

02 두부는 2×3×1cm 직사각형 모양으로 썰고 흐르는 물에 세척하여 잔여물을 제거해 주세요.

03 실파는 3cm로 재단하여 썰고 마늘은 곱게 다져 줍니다.

04 홍고추는 반을 갈라 씨를 제거한 뒤 3×0.5cm로 썰어 주세요.

05 새우젓은 곱게 다진 다음 면보에 짜서 새우젓 국물을 만들어 줍니다.

06 냄비에 물 2컵과 새우젓을 넣고 끓으면 중 불로 줄이고 소금과 굴을 넣어 줍니다.
굴이 반 정도 익으면 두부를 넣고 홍고추와 마늘을 넣고 끓여주세요.

(Tip) 너무 센불에 끓이거나 중간에 거품 제거를 하지 않으면 국물이 탁해질 수 있습니다.

07 두부가 떠오르기 시작하면 실파와 참기름을 살짝 넣고 불을 꺼주세요.

08 건더기를 보기 좋게 먼저 담아주고 국물의 양이 200mL가 넘을 수 있도록 국물을 담아주세요.

합격 Point!

- ✓ 두부와 굴을 너무 오래 끓이면 국물이 탁해지고 크기가 줄어 단단해질 수 있으므로 **살짝 끓여 주시는 것**이 좋습니다.
- ✓ **마지막에 참기름**을 잊지 마세요.

북어구이

 시험시간 20분

같이 공부해보세요.

오징어볶음(30분), **지짐누름적**(35분), **잡채**(35분), **완자탕**(30분), **칠절판**(40분), **미나리강회**(35분), **탕평채**(35분), **배추김치**(35분)

요구사항

※ 주어진 재료를 사용하여 다음과 같이 북어구이을 만드시오.

① 구워진 북어의 길이는 5cm로 하시오.

② 유장으로 초벌구이 하고, 고추장 양념으로 석쇠에 구우시오.

③ 완성품은 3개를 제출하시오.(단, **세로로 잘라 3/6토막 제출할 경우 수량부족으로 실격 처리됩니다.**)

크기비교

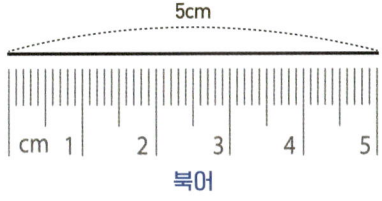

북어

📋 지급재료

① 북어 1마리[반을 갈라 말린 껍질이 있는 것(40g)]
② 대파(흰 부분 4cm 정도) 1토막
③ 마늘 2쪽 (중, 깐 것)
④ 고추장 40g
⑤ 진간장 20mL
⑥ 검은후춧가루 2g
⑦ 흰설탕 10g
⑧ 참기름 15mL
⑨ 깨소금 5g
⑩ 식용유 10mL

🥄 조리과정

01 재료를 깨끗이 세척합니다.

02 북어는 흐르는 물에 충분히 적신 후 젖은 면보에 감싸 마르지 않도록 해주세요.

03 파, 마늘은 곱게 다져 주세요.

04 고추장 2큰술, 설탕 1큰술, 검은후춧가루 약간, 깨소금 약간, 참기름, 파, 마늘을 넣어 양념을 만들어 주세요.

05 잘 불린 북어의 머리, 지느러미, 꼬리, 통가시와 잔가시를 제거해주세요.

06 껍질 쪽에 잔 칼집을 넣고 북어를 꼬집어 큰 칼집을 넣어줍니다.

07 머리와 몸통은 6cm 정도로 꼬리는 7cm 정도로 재단해 주세요.

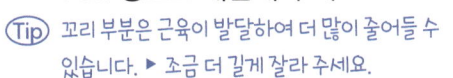

Tip 꼬리 부분은 근육이 발달하여 더 많이 줄어들 수 있습니다. ▶ 조금 더 길게 잘라 주세요.

08 참기름 1 큰술, 간장은 1 작은술을 넣어 유장을 만들어 북어에 발라 주세요.

09 석쇠를 불에 달구어 기름 코팅을 한 뒤 유장 바른 북어를 올려 초벌구이를 합니다.

10 초벌을 끝낸 북어에 양념장을 발라 타지 않게 구워주세요.

11 완성한 북어는 머리 몸통 꼬리 순으로 담고 껍질이 아래로 가도록 담아 주세요.

12 북어구이 완성

합격 Point!

- 물에 너무 오래 불리게 되면 껍질과 살이 떨어지고 맛이 떨어질 수 있으니 **흐르는 물에 고루 만져가며 불려** 주세요.
- **유장 처리하여 애벌구이를 끝낸 뒤 양념장**을 바른다.
- 구이 작업이 끝나면 **마무리 작업 시 가스레인지 정리**를 꼭 하셔야 한다는 것 잊지 마세요(제출 후).

Memo

오이소박이

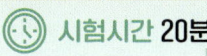 시험시간 20분

같이 공부해보세요.
미나리강회(35분), **화양적**(35분), **생선찌개**(30분), **완자탕**(30분), **장국죽**(30분), **잡채**(35분), **배추김치**(35분)

요구사항
※ 주어진 재료를 사용하여 다음과 같이 오이소박이를 만드시오.

① 오이는 6cm길이로 3토막 내시오.

② 오이에 3~4갈래 칼집을 넣을 때 양쪽 끝이 1cm 남도록 하고, 절여 사용하시오.

③ 소를 만들 때 부추는 1cm 길이로 썰고, 새우젓은 다져 사용하시오.

④ 그릇에 묻은 양념을 이용하여 국물을 만들어 소박이 위에 부어내시오.

지급재료

① 오이(가는 것, 20cm 정도) 1개
② 부추 20g
③ 새우젓 10g
④ 고춧가루 10g
⑤ 대파(4cm, 흰부분) 1토막
⑥ 마늘(중, 깐 것) 1쪽
⑦ 생강 10g
⑧ 소금 50g

🥄 조리과정

01 오이는 소금을 이용하여 흐르는 물에 깨끗하게 세척한다.

02 오이는 6cm로 잘라 과도나 깔끝을 이용하여 3~4갈래 칼집을 넣어주세요.(양끝 1cm 남기기)

03 물 1컵에 소금 2큰술을 넣고 소금물을 만들어 줍니다.

04 오이를 담궈 절여주세요.(오이가 잠기지 않는다면 물과 소금을 추가하여 절여주세요)

05 부추는 1cm로 썰어주세요.

06 파와 마늘, 생강은 곱게 다져주세요.

07 새우젓도 칼로 다져주세요.

08 고춧가루 1.5큰술, 새우젓 1큰술, 물 1큰술, 다진대파, 다진마늘, 다진생강, 소금을 넣어 양념장을 만들어주세요.

09 양념에 부추를 넣고 고루 섞어주세요.

10 오이는 여러번 헹궈 소금기를 씻어 냅니다.

11 잘 절여진 오이는 말랑해지고 사진처럼 칼집이 잘 보여요. 칼집을 넣은 곳에 양념을 넣어주시면 됩니다.

Tip 양념을 집어넣을 때 젓가락을 이용하세요.

12 접시에 오이를 담아주고 남은 양념에 물 2큰술과 소금 1/2작은술을 넣고 김치국물을 만들어 오이위에 부어 마르지 않게 담아 냅니다.

13 오이소박이 완성

합격 Point!

- 실제로 시험장에서 **오이소박이는 사진처럼 다 잘라서 양념을 골고루 넣었는지 확인**합니다.
- 칼집이 잘 들어갔는지 양념이 골고루 들어가 있는지 **스스로 확인**해보세요.
- 오이를 절이는 시간이 부족하면 속재료 채우기가 들어가기 힘들 수 있습니다. **오이를 먼저 절여주세요.**

Memo

육원전

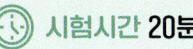 시험시간 20분

같이 공부해보세요.

겨자채(35분), **더덕구이**(30분), **장국죽**(30분), **생선양념구이**(30분), **생선찌개**(30분), **미나리강회**(35분), **배추김치**(35분)

요구사항

※ 주어진 재료를 사용하여 다음과 같이 육원전을 만드시오.

① 육원전은 지름이 4cm, 두께 0.7cm 정도가 되도록 하시오.
② 달걀은 흰자, 노른자를 혼합하여 사용하시오.
③ 육원전은 6개를 제출하시오.

크기비교

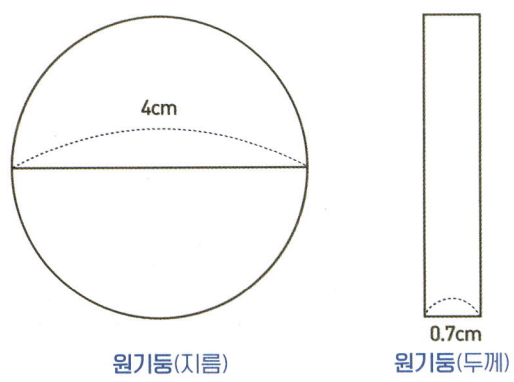

원기둥(지름)   원기둥(두께)

지급재료

① 소고기 (살코기) 70g
② 두부 30g
③ 밀가루 20g
④ 달걀 1개
⑤ 대파(흰부분 4cm) 1토막
⑥ 검은후춧가루 2g
⑦ 참기름 5mL
⑧ 소금 5g
⑨ 마늘 1쪽
⑩ 식용유 30mL
⑪ 깨소금 5g
⑫ 흰설탕 5g

조리과정

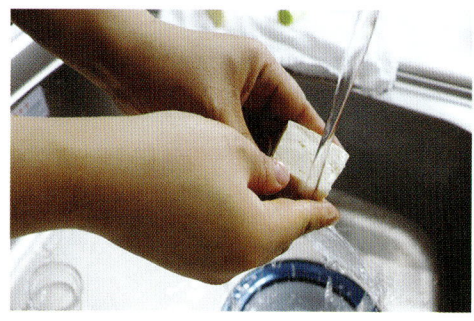

01 재료는 깨끗이 세척해 주세요.

02 두부는 수분을 제거하고 곱게 으깨주고 파, 마늘은 곱게 다져주세요.

03 고기는 핏물을 제거하고 곱게 다져주세요.

Tip 수분제거-포뜨기-채썰기-다지기

04 소금, 설탕, 참기름, 깨소금, 후추, 파, 마늘 양념하여 고루 치대어 찰기가 생길 수 있도록 해주고 4.5cm크기의 0.7cm 두께의 원형 모양으로 6개를 만들어 주세요.

05 밀가루를 충분히 묻히고 충분히 털어내어 모양을 잡아주시고 달걀을 풀어 옷을 입혀 냅니다.

Tip 달걀은 흰자와 노른자의 비율을 1:1로 풀어 준비해 주세요.

06 팬에 기름을 두르고 약불로 속까지 충분히 익혀 주세요.

Tip 옆면도 굴려가며 익혀 주세요.

07 키친타올을 이용하여 기름기를 제거하고 완성 접시에 담아냅니다.

08 육원전 완성

합격 Point!

✓ **시간이 부족한 메뉴**입니다 고기 다지는 연습을 충분히 해주세요.

✓ 전을 익힐 때 색이 나지 않도록 **약불에 천천히** 익혀주세요.

육회

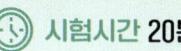 시험시간 20분

같이 공부해보세요.

섭산적(30분), **콩나물밥**(30분), **제육구이**(30분), **탕평채**(35분), **생선찌개**(30분), **미나리강회**(35분), **지짐누름적**(35분), **겨자채**(35분), **화양적**(35분), **배추김치**(35분)

요구사항

※ 주어진 재료를 사용하여 다음과 같이 육회를 만드시오.

① 소고기는 0.3cm×0.3cm×6cm로 썰어 소금 양념으로 하시오.
② 배는 0.3cm×0.3cm×5cm로 변색되지 않게 하여 가장자리에 돌려 담으시오.
③ 마늘은 편으로 썰어 장식하고 잣가루를 고명으로 얹으시오.
④ 소고기는 손질하여 전량 사용하시오.

크기비교

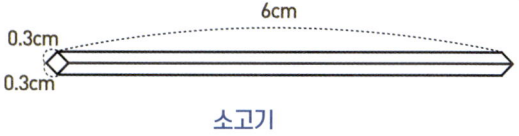

소고기

지급재료

① 소고기 90g
② 배(중, 100g) 1/4개
③ 잣 5개
④ 파(흰 부분, 4cm 정도) 2토막
⑤ 마늘(중, 깐 것) 3쪽
⑥ 참기름 10mL
⑦ 흰설탕 30g
⑧ 소금 5g
⑨ 깨소금 5g
⑩ 검은후춧가루 2g

🥄 조리과정

01 재료는 깨끗이 세척하고 소고기는 면보를 이용하여 감싸 놓아 주세요.

02 배는 껍질을 제거하고 5cm 길이로 채를 썰어 설탕물에 담궈 갈변을 방지해 주세요.

05 마늘은 편을 썰어 놓고 일부 마늘과 대파는 곱게 다져 주세요.

06 잣은 키친타올을 이용하여 곱게 다져줍니다.

05 고기는 핏물을 제거하고 결 반대 방향으로 채를 썰어줍니다.

Tip 전량 다 사용해주세요.

06 소금 1/3작은술, 설탕 1작은술, 참기름 1작은술, 검은후춧가루, 깨소금 약간, 파, 마늘 약간을 넣어 양념을 만들어 주세요.

07 채 썬 소고기에 양념을 넣고 젓가락을 이용하여 고루 버무려 주세요.

08 배는 수분을 제거하여 그릇 가장자리에 모양 있게 돌려 담아 줍니다.

09 고기는 둥글게 모양을 만들어 가운데에 담고 마늘은 고기 주위로 모양 있게 돌려 담아 주세요. 고명으로 잣가루를 뿌려 완성합니다.

10 육회 완성

합격 Point!

- 미리 양념을 하면 고기의 색이 변할 수 있으니 **제출 직전에 버무려** 주세요.
- 소고기는 **결 반대 방향으로 전량 다 사용**해 주세요.

표고전

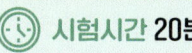 시험시간 20분

같이 공부해보세요.

지짐누름적(35분), **오징어볶음**(30분), **미나리강회**(35분), **겨자채**(35분), **탕평채**(35분), **제육구이**(30분), **홍합초**(20분), **배추김치**(35분)

요구사항

※ 주어진 재료를 사용하여 다음과 같이 표고전을 만드시오.

① 표고버섯과 속은 각각 양념하여 사용하시오.
② 표고전은 5개를 제출하시오.

지급재료

① 건표고버섯(지름 2.5cm~4cm, 부서지지 않은 것을 불려서 지급) 5개
② 두부 15g
③ 소고기(살코기) 30g
④ 밀가루 20g
⑤ 대파(흰 부분, 4cm) 1토막
⑥ 마늘(중, 깐 것) 1쪽
⑦ 달걀 1개
⑧ 깨소금 5g
⑨ 소금 5g
⑩ 참기름 5mL
⑪ 진간장 5mL
⑫ 흰설탕 5g
⑬ 검은후춧가루 1g
⑭ 식용유 20mL

조리과정

01 재료는 깨끗이 세척하고 표고는 수분 제거를 해 주세요.

02 표고를 면보 또는 행주를 이용하여 수분을 제거하여 기둥을 제거해 줍니다.

> Tip 표고의 모양을 둥글게 손으로 눌러가며 만져주시면 표고전의 모양을 살릴수 있습니다.

03 두부는 수분을 제거한 뒤 곱게 으깨줍니다.

04 고기는 핏물을 제거하고 곱게 다져 주세요.

> Tip 핏물제거-포뜨기-결 반대 채썰기-다지기

05 표고는 간장 1작은술, 설탕 1/2작은술, 참기름 1/2작은술을 고루 섞어 양념을 만들어 표고 안쪽에 발라 줍니다.

06 고기와 두부의 비율은 3:1로 섞고 양념(소금, 설탕, 참기름, 깨소금, 후추, 파, 마늘)을 넣고 충분히 치대줍니다.

07 표고버섯 안쪽에 밀가루를 얇게 펴 바르고 양념한 고기를 꾹꾹 눌러가며 꼼꼼히 채워주세요.

08 밀가루-달걀옷을 입혀주세요.
(Tip) 흰자양이 상대적으로 많아 노른자와 흰자양을 1:1의 비율로 조절해 주세요.

09 팬에 식용유를 두른 뒤 약불에서 속까지 익혀 줍니다.
(Tip) 온도가 높으면 색이 날수 있으니 약불에서 천천히 익혀 주세요.

10 키친타올을 이용하여 기름을 제거한 뒤 완성 그릇에 담아냅니다.

11 표고전 완성

합격 Point!

- 고기는 익을수록 수축하여 두께가 커질 수 있으니 **두껍게 고기 속을 채우지 않는 것**이 좋습니다.
- **불이 너무 세면 익지 않고 색이 날 수** 있습니다.

홍합초

 시험시간 **20분**

같이 공부해보세요.

칠절판(40분), **미나리강회**(35분), **섭산적**(30분), **잡채**(35분), **완자탕**(30분), **화양적**(35분), **배추김치**(35분)

요구사항

※ 주어진 재료를 사용하여 다음과 같이 홍합초를 만드시오.

① 마늘과 생강은 편으로, 파는 2cm로 써시오.
② 홍합은 데쳐서 전량 사용하고, 촉촉하게 보이도록 국물을 끼얹어 제출하시오.
③ 잣가루를 고명으로 얹으시오.

크기비교

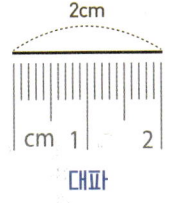
대파

지급재료

① 홍합(굵고 싱싱한 것, 껍질 벗긴 것으로 지급)100g
② 대파(흰 부분 4cm) 1토막
③ 마늘(중, 깐 것) 2쪽
④ 생강 15g
⑤ 잣 5개
⑥ 진간장 40mL
⑦ 흰설탕 10g
⑧ 참기름 5mL
⑨ 검은후춧가루 2g

🍳 조리과정

01 재료는 깨끗이 세척하고 홍합은 물에 흔들어 씻어 이물질을 제거해 주세요.

02 홍합은 가위를 이용하여 홍합 안쪽의 족사(수염)를 제거합니다.

03 손질된 홍합은 끓는 물에 30초간 데쳐 주세요.

(Tip) 해물은 오래 익히지 않습니다.

04 대파는 2cm로 토막 내고 마늘, 생강은 편을 썰어주세요.

(Tip) 다지지 않습니다.

05 잣은 고깔을 제거하고 키친타올을 이용하여 곱게 다져줍니다.

06 냄비에 간장1.5큰술, 설탕1.5큰술, 검은후춧가루(소량)와 물50mL, 마늘편 생강편을 함께 넣어 끓여주세요.

07 국물이 1/2 정도로 줄어들게 되면 홍합, 대파를 넣고 졸여줍니다. 홍합에서 익어가며 국물이 자작해지면 마지막으로 참기름을 넣어 윤기를 만들어 줍니다.

Tip 스푼을 이용하여 잘 저어가며 졸여주세요.

08 완성 접시에 모든 재료가 고루 보이게 담고 잣가루를 뿌려 완성해 주세요.

합격 Point!

✓ **초는 우리나라 전통의 조림 방법**입니다. **윤기가 날수 있도록 고루 잘 섞어가며** 조려 내 주세요.

✓ **오랫동안 졸이게 되면 홍합의 크기가 줄어들며 질겨질 수** 있습니다.

Part 3.

시험시간 25분

너비아니구이

 **시험시간 25분**

같이 공부해보세요.
장국죽(30분), **미나리강회**(35분), **오징어볶음**(30분), **섭산적**(30분), **콩나물밥**(30분), **지짐누름적**(35분), **탕평채**(35분), **배추김치**(35분)

요구사항
※ 주어진 재료를 사용하여 다음과 같이 너비아니구이을 만드시오.

① 완성된 너비아니는 0.5cm×4cm×5cm로 하시오.

② 석쇠를 사용하여 굽고, 6쪽 제출하시오.

③ 잣가루를 고명으로 얹으시오.

크기비교

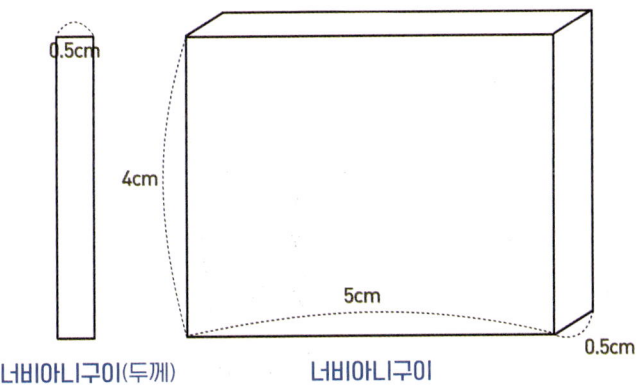

너비아니구이(두께)   너비아니구이

📏 지급재료

① 소고기 100g
  (안심 또는 등심)
  덩어리
② 배 1/8 50g
③ 대파 1토막
  (흰 부분, 4cm)
④ 마늘 2쪽
  (중, 깐 것)
⑤ 진간장 50mL
⑥ 검은 후춧가루 2g
⑦ 흰설탕 10g
⑧ 식용유 10mL
⑨ 깨소금 5g
⑩ 잣 5개
⑪ 참기름 10mL

🥄 조리과정

01 재료는 깨끗이 세척하고 배는 갈변되지 않도록 옅은 설탕물에 담궈 주세요.

02 파, 마늘은 곱게 다져 줍니다.

03 배는 강판에 곱게 갈아 면보나 체에 내려 배즙을 만들어 주세요.

04 고기는 0.4×5×6cm으로 재단하여 포를 뜬 다음 사선으로 칼집을 넣고 칼등으로 두드려 모양을 만들어 주세요.

05 간장 1큰술, 설탕 1/2큰술, 배즙 2큰술, 참기름, 검은후춧가루, 참깨, 다진 파, 마늘을 넣어 양념장을 만들어 고기를 재워 줍니다.

06 석쇠를 달구어 식용유 코팅을 한 뒤 처음에는 강불로 굽다가 중 불로 줄여 석쇠를 둥글게 돌려가며 타지 않게 익혀 주세요.

07 완성 접시에 고기를 보기 좋게 담아내고 잣가루를 고명으로 뿌려 주세요.

08 너비아니 완성

합격 Point!

- 소고기는 돼지고기에 비하여 많이 줄어들 수 있습니다. **연육 작업을 충분히 하여 모양이 변하지 않도록 주의**하여 주세요.

- **불을 사용한 조리는 타거나 익지 않으면 실격 처리**될 수 있습니다. 익힘 상태에 유의해 주세요.

- 구이 작업이 끝나면 **마무리 작업 시 가스레인지 정리**를 꼭 하셔야 한다는 것 잊지 마세요(제출 후).

두부조림

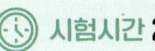 **시험시간 25분**

같이 공부해보세요.

완자탕(30분), **생선찌개**(30분), **더덕구이**(30분), **제육구이**(30분), **장국죽**(30분), **배추김치**(35분)

요구사항

※ **주어진 재료를 사용하여 다음과 같이 두부조림을 만드시오.**

① 두부는 0.8cm×3cm×4.5cm로 잘라 사용하시오.
② 8쪽을 제출하고, 촉촉하게 보이도록 국물을 약간 끼얹어 내시오.
③ 실고추와 파채를 고명으로 얹으시오.

크기비교

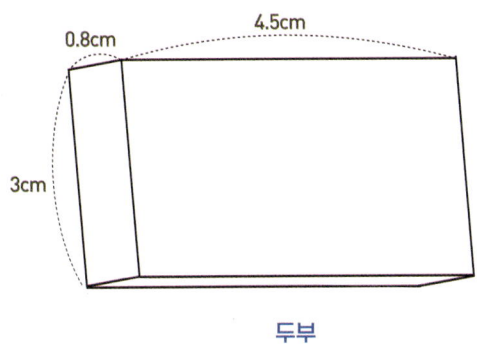

두부

지급재료

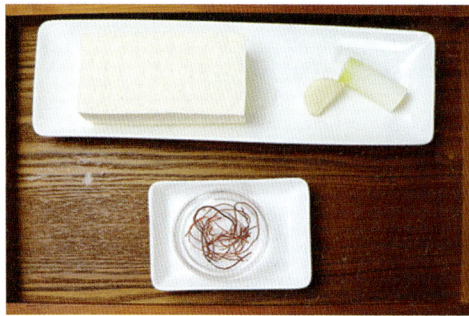

① 두부 200g
② 대파(흰 부분 4cm) 1토막
③ 마늘 1쪽
④ 실고추 1g
⑤ 진간장 15mL
⑥ 설탕 5g
⑦ 참기름 5mL
⑧ 깨소금 5g
⑨ 검은후춧가루 1g
⑩ 소금 5g
⑪ 식용유 30mL

조리과정

01 재료는 깨끗이 세척해 줍니다.

02 두부는 0.8×3×4.5cm로 일정하게 8개를 썰어 주세요.

03 면보나 키친타올 위에 두부를 올리고 두부에 소금을 뿌려 주세요.

Tip 소금은 두부를 단단하게 하여 부서지지 않게 해줍니다.

04 대파와 실고추는 2~3cm로 채 썰어 고명으로 준비하고 남은 대파와 마늘은 곱게 다져 주세요.

05 양념(간장 1큰술, 설탕 1/2큰술, 참기름, 참깨, 검은후춧가루 약간, 다진 파, 마늘)을 만들어 줍니다.

06 두부는 수분을 제거하고 기름을 두른 팬 위에 올려 노릇하게 지져 줍니다.

Tip 연한 갈색이 보이도록 충분히 지져 주세요.

07 양념장과 물 1/2컵을 넣고 국물을 끼얹으며 색이 날수 있도록 끓여 줍니다.

08 국물이 반 정도 남았을 때 잠시 불을 끄고 실고추와 대파 고명을 올리고 국물이 3큰술이 남을 때까지 조려 주세요.

09 완성 접시에 8쪽을 일정하게 담아준 뒤 국물을 끼얹어 촉촉하게 보이도록 해주세요.

10 두부조림 완성

합격 Point!

- 두부의 **크기가 일정하게 나오도록 유의**하셔야 합니다.
- **고명의 크기가 두부보다 크지 않도록 주의**해 주세요.

생선전

 **시험시간 25분**

📒 같이 공부해보세요.
재료썰기(25분), **더덕구이**(30분), **콩나물밥**(30분), **오징어볶음**(30분), **장국죽**(30분), **탕평채**(35분), **배추김치**(35분)

📋 요구사항
※ 주어진 재료를 사용하여 다음과 같이 생선전을 만드시오.

① 생선은 세장 뜨기하여 껍질을 벗겨 포를 뜨시오.
② 생선전은 0.5cm×5cm×4cm로 만드시오.
③ 달걀은 흰자, 노른자를 혼합하여 사용하시오.
④ 생선전은 8개 제출하시오.

📏 크기비교

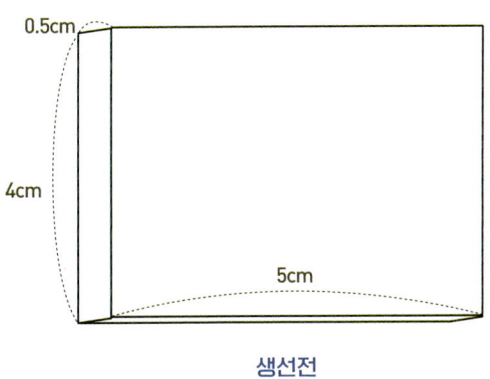

생선전

지급재료

① 동태(400g) 1마리
② 흰 후춧가루 2g
③ 소금 10g
④ 밀가루 30g
⑤ 달걀 1개
⑥ 식용유 50mL

조리과정

01 재료는 깨끗이 세척 해준 다음 생선의 지느러미를 가위를 이용해 제거해 주세요.

(Tip) 꼬리에서 머리 방향으로 제거한다.

02 칼을 이용하여 비늘을 깨끗하게 제거하고 머리는 사선방향으로 잘라주세요.

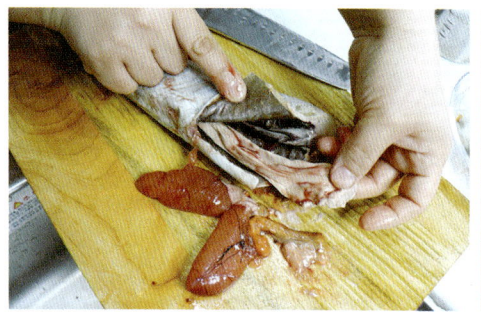

03 배에 있는 내장과 검은 막을 제거해 준 뒤 고여있는 피를 제거해 주고 깨끗하게 세척하여 마른행주를 이용하여 수분을 제거 해 주세요.

04 등과 배 부분에 칼이 지나갈 자리를 미리 칼집을 내어주세요.
머리에서 꼬리 방향을 생선을 3장뜨기 해주세요.

05 껍질이 바닥면으로 도마에 올리고 꼬리쪽에 칼집을 내어 칼을 도마면으로 붙혀 껍질을 당겨가며 껍질을 제거합니다.

06 잔가시를 제거하고 5×6cm크기로 다듬어 포를 뜨고 규격에 맞추어 모양을 잡아주고 소금, 흰후추를 뿌려 수분을 잡아줍니다.

(Tip) 두꺼운 부분은 칼등을 이용하여 두들겨 모양을 만들어 주세요.

06 생선의 수분을 제거하고 밀가루 ▶ 달걀물 순으로 고루 묻혀 주세요.

(Tip) 밀가루가 너무 많이 묻지 않도록 충분히 묻히고 충분히 털어내주세요.

07 팬에 식용유를 두르고 약 불에 지져 줍니다.

(Tip) 주걱이나 스푼을 이용하여 눌러 가며 지져주세요.

08 완성 접시에 8개를 모양있게 담아주세요.

09 생선전 완성

합격 Point!

- ✓ 생선의 수분을 잘 잡아주셔야 포를 깔끔하게 뜰 수 있습니다.
- ✓ 두가지 요리를 함께 하실 때 **생선을 미리 손질하여 수분을 잡아주고 다른 작업**을 하시면 좋습니다.

Memo

재료썰기

 시험시간 25분

같이 공부해보세요.

장국죽(30분), **오징어볶음**(30분), **생선전**(25분), **탕평채**(35분), **배추김치**(35분)

요구사항

※ 주어진 재료를 사용하여 다음과 같이 재료 썰기를 하시오.

① 무, 오이, 당근, 달걀지단을 썰기 하여 전량 제출하시오(단, **재료별 써는 방법이 틀렸을 경우 실격**).

② 무는 채썰기, 오이는 돌려 깎기 하여 채썰기, 당근은 골패썰기를 하시오.

③ 달걀은 흰자와 노른자를 분리하여 알끈과 거품을 제거하고 지단을 부쳐 완자(**마름모꼴**)모양으로 각 10개를 썰고, 나머지는 채썰기를 하시오.

④ 재료 썰기의 크기는 다음과 같이 하시오.

    (ㄱ) **채썰기** : 0.2cm×0.2cm×5cm

    (ㄴ) **골패썰기** : 0.2cm×1.5cm×5cm

    (ㄷ) **마름모형 썰기** : 한 면의 길이가 1.5cm

크기비교

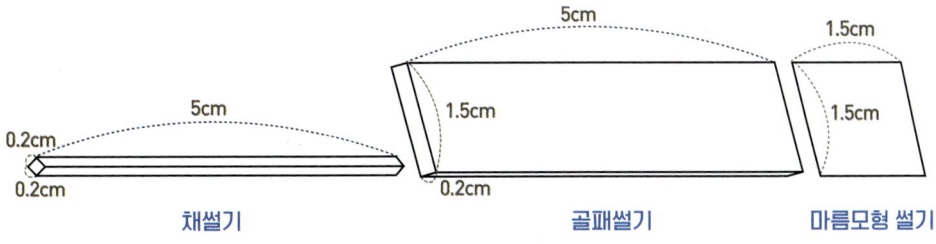

지급재료

① 무 100g
② 오이 1/2개
③ 당근 1토막(6cm 정도)
④ 달걀 3개
⑤ 식용유 20mL
⑥ 소금 10g

조리과정

01 재료를 세척 후 달걀은 교차오염을 방지하기 위해 따로 그릇에 담아 주세요.

02 달걀을 흰자·노른자로 분리하여 알끈을 제거한 뒤 소금을 넣고 잘 풀어주세요.

Tip 흰자는 거품이 날 수 있으니 긁어가며 풀어주세요.

03 무를 5cm로 재단하여 껍질을 벗긴 후 5×0.2×0.2cm 길이로 채를 썰어 주세요.

04 팬을 달구어 기름 코팅을 한 후 황·백 지단을 나누어 부쳐주세요.

05 오이는 5cm 길이(0.2×0.2×5cm 두께)로 채 썰어주세요.

06 당근은 껍질을 제거하여 5×1.5×0.2cm 크기의 직사각형 형태로 썰어주세요(골패 썰기).

07 황·백 지단은 1.5cm 폭으로 길게 자른 다음 어슷하게 썰어 마름모 형태로 10개씩 잘라 내고 나머지는 채 썰어 주세요.

08 그릇에 모양 있게 담아냅니다.

합격 Point!

- 흰자양이 많아 부치는 시간이 걸릴 수 있으니 **흰자를 부치는 동안 썰기를 함께 작업**해 주세요.
- **규격에 어긋나지 않도록 주의**해주세요.
- Tip!

골패 썰기

돌려깎기

달걀 지단

Memo

풋고추전

 시험시간 **25분**

같이 공부해보세요.

콩나물밥(30분), **더덕구이**(30분), **완자탕**(30분), **생선양념구이**(30분), **잡채**(35분), **장국죽**(30분), **생선찌개**(30분), **배추김치**(35분)

요구사항

※ 주어진 재료를 사용하여 다음과 같이 풋고추전을 만드시오.

① 풋고추는 5cm 길이로, 소를 넣어 지져 내시오.
② 풋고추는 잘라 데쳐서 사용하며, 완성된 풋고추전은 8개를 제출하시오.

크기비교

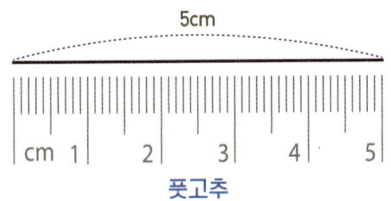

풋고추

지급재료

① 풋고추(길이 11cm 이상) 2개
② 두부 15g
③ 소고기 30g
④ 밀가루 15g
⑤ 대파(흰 부분, 4cm) 1토막
⑥ 마늘(중, 깐 것) 1쪽
⑦ 달걀 1개
⑧ 깨소금 5g
⑨ 소금 5g
⑩ 참기름 5mL
⑪ 설탕 5g
⑫ 검은후춧가루 1g
⑬ 식용유 20mL

🥄 조리과정

01 재료는 깨끗이 세척합니다.

02 풋고추는 반으로 갈라서 숟가락을 이용하여 씨를 제거해 주세요.

03 반을 갈라 씨를 제거한 풋고추는 5cm 길이로 재단하여 8개를 만들어 줍니다(머리부분 4개, 꼬리부분 4개).

04 풋고추는 소금을 넣고 끓는 물에 살짝 데쳐 찬물에 재빨리 헹구어 열기를 식혀 주세요.

05 두부는 수분을 제거하고 곱게 으깨 줍니다.

06 파, 마늘은 곱게 다지고 소고기는 핏물을 제거하고 곱게 다져 줍니다.

07 고기와 두부의 비율은 2:1로 섞고 소금, 설탕, 깨소금, 후추, 파, 마늘로 양념해주고 손으로 충분히 치대줍니다.

08 풋고추 안에 밀가루를 얇게 펴 바르고 소를 손으로 눌러가며 채워 넣어 주세요.

09 소를 채운 풋고추를 밀가루-달걀 순서대로 옷을 입혀 주세요.

(Tip) 속을 채운 부분에만 옷을 입혀주고 풋고추의 초록색 부분에는 묻지 않도록 주의해 주세요.

10 달궈진 팬에 기름을 두르고 약 불로 속까지 잘 익혀 냅니다.

11 키친타올을 이용하여 기름을 제거하고 완성 접시에 담아냅니다.

12 풋고추전 완성

합격 Point!

- ✓ 풋고추는 익히는 동안 쉽게 색이 날 수 있습니다. **불이 세지 않도록 주의**해 주세요.
- ✓ 고기속을 많이 채우시게 되면 익히는 시간이 길어지게 됩니다. **많이 채우지 않는 것**이 좋습니다.

Part 4.

시험시간 30분

더덕구이

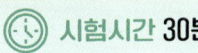 시험시간 30분

같이 공부해보세요.
풋고추전(25분), **생선전**(25분), **육회**(20분), **두부조림**(25분), **완자탕**(30분), **탕평채**(35분), **잡채**(35분), **생선찌개**(30분), **배추김치**(35분)

요구사항
※ **주어진 재료를 사용하여 다음과 같이 더덕구이을 만드시오.**
① 더덕은 껍질을 벗겨 사용하시오.
② 유장으로 초벌구이 하고, 고추장 양념으로 석쇠에 구우시오.
③ 완성품은 전량 제출하시오.

지급재료

① 통 더덕 3개
   (껍질 있는 것, 길이 10~15cm 정도)
② 대파 1토막 (4cm, 흰부분)
③ 마늘(중, 깐 것) 1쪽
④ 고추장 30g
⑤ 흰설탕 5g
⑥ 참기름 10mL
⑦ 깨소금 5g
⑧ 소금 10g
⑨ 식용유 10mL
⑩ 진간장 10mL

🥄 조리과정

01 재료를 깨끗이 세척 해주세요. 더덕은 주름 사이사이에 흙이 있으므로 세척에 신경을 쓰도록 합니다.

02 더덕구이는 정해진 규격이 없으므로 폐기율이 많이 생기지 않도록 크기를 다듬어 주고 껍질은 옆으로 돌려가며 제거해 주세요.

(Tip) 더덕 단면에서 나오는 진액이 손이나 칼이 묻지 않도록 주의해 주세요.

03 더덕의 두께에 따라 더덕 가운데 부분에 있는 단단한 심지 부분의 절여질 수 있도록 칼집을 1~3번 넣어 충분한 소금물에 절여 주세요.

04 양념은 고추장 1큰술, 설탕 1/2큰술, 참기름 약간, 깨소금 약간, 마늘(다진 마늘), 파(다진 파)를 넣고 양념장을 만들어 주세요.

(Tip) 검은 후춧가루는 지급재료에 없으므로 넣지 않습니다.

05 잘 절인 더덕을 물에 충분히 세척하여 염분을 제거한 뒤 마른행주나 면보로 수분을 제거하고 밀대로 두들겨서 펴줍니다.

Tip 이때 너무 강하게 두들겨 피면 찢어질 수 있습니다.

06 더덕은 앞뒤로 유장(간장 1작은술, 참기름 1큰술)을 발라 코팅한 석쇠에 올려 굽는다.

07 미리 만들어 둔 양념장을 바르고 다시 구워 주세요.

08 완성 접시에 더덕 전량을 보기 좋게 담아주세요.

합격 Point!

- 더덕을 너무 세게 두들기면 더덕의 **모양이 부서질 수 있으니 주의**해 주세요.
- 간혹 너무 큰 더덕이 지급될 수 있습니다. 이러한 경우 **소금물을 더 진하게 하여 빠르게 절여** 주세요.
- 구이 작업이 끝나면 **마무리 작업 시 가스레인지 정리**를 꼭 하셔야 한다는 것 잊지 마세요(제출 후).
- 더덕진액이 묻은 칼은 **키친타올에 식용유를 발라 닦아내면 잘 지워**집니다.

섭산적

 시험시간 **30분**

같이 공부해보세요.

너비아니구이(25분), **콩나물밥**(30분), **육회**(20분), **홍합초**(20분), **더덕생채**(20분), **잡채**(35분), **제육구이**(30분), **두부젓국찌개**(20분), **배추김치**(35분)

요구사항

※ **주어진 재료를 사용하여 다음과 같이 섭산적을 만드시오.**

① 고기와 두부의 비율을 3:1 정도로 하시오.

② 다져서 양념한 소고기는 크게 반대기를 지어 석쇠에 구우시오.

③ 완성된 섭산적은 0.7cm×2cm×2cm로 9개 이상 제출하시오.

크기비교

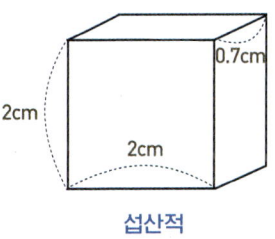

섭산적

지급재료

① 소고기 살코기 80g
② 두부 30g
③ 대파 흰부분 (4cm) 1토막
④ 마늘 1쪽
⑤ 소금 5g
⑥ 흰설탕 10g
⑦ 깨소금 5g
⑧ 참기름 5mL
⑨ 검은후춧가루 2g
⑩ 잣 깐 것 10개
⑪ 식용유 30mL

🖌 조리과정

01 재료는 깨끗이 세척하고 고기는 면보나 키친타올을 이용해 핏물을 제거해 주세요.

02 두부는 수분을 제거하여 곱게 으깨주고 파, 마늘은 곱게 다져줍니다.

03 고기는 결 방향으로 포뜨기-채썰기-다지기 순으로 곱게 다져주세요.

04 소고기와 두부는 3:1의 비율로 섞어 양념하여 찰기가 생기도록 힘껏 치대어 줍니다(소금 1/5, 설탕 1/5, 깨소금, 참기름, 검은후춧가루 약간, 다진 파·마늘 약간).

05 기름 바른 도마나 호일 위에서 가로 세로 각각 9cm 정도로 반대기의 모양을 만들어주고 윗면이 평평하게 칼로 눌러가며 모양을 잡아 잔칼집을 넣어줍니다.

06 달군 석쇠에 기름 코팅을 하고 섭산적을 올려 고루 익게 중불에서 구워주세요.

(Tip) 한쪽 면을 5분 이상 충분하게 익혀주셔야 합니다.

07 섭산적을 식히는 동안 키친타올을 이용하여 잣을 곱게 다져줍니다.

08 식힌 섭산적을 가장자리를 정리해 가로 세로 6.5cm에 정사각형으로 만들어줍니다.

(Tip) 가장자리 0.5cm 정도의 여유를 주어 크게 썰어주시면 썰면서 살짝 눌려 손실되는 크기를 감안할수 있습니다 반드시 식힌후에 썰어주세요

그 다음 2×2cm로 일정하게 9개를 썰어 줍니다. 이때 식지 않은 상태에서 썰면 모양이 망가질 수 있습니다.

09 섭산적을 9개를 일정한 간격으로 완성 그릇에 담고 9개 각각의 잣가루를 뿌려주세요.

10 섭산적 완성

합격 Point!

✓ **충분히 다지고, 충분히 치대고, 약불에 오래 굽고, 충분히 식혀야** 섭산적의 모양을 살릴 수 있습니다.

✓ **섭산적을 먼저 굽고 식히는 동안 다른 메뉴를 완성**하시면 좋습니다.

생선양념구이

 시험시간 30분

같이 공부해보세요.

장국죽(30분), **더덕생채**(20분), **두부젓국찌개**(20분), **육원전**(20분), **풋고추전**(25분), **완자탕**(30분), **탕평채**(35분), **콩나물밥**(30분), **배추김치**(35분)

요구사항

※ 주어진 재료를 사용하여 다음과 같이 생선양념구이을 만드시오.

① 생선은 머리와 꼬리를 포함하여 통째로 사용하고 내장은 아가미 쪽으로 제거하시오.

② 칼집 넣은 생선은 유장으로 초벌구이하고, 고추장 양념으로 석쇠에 구우시오.

③ 생선구이는 머리 왼쪽, 배 앞쪽 방향으로 담아내시오.

지급재료

① 조기 1마리 (100~120g 정도)
② 파 1토막(흰 부분 4cm 정도)
③ 마늘 1쪽(중, 깐 것)
④ 고추장 40g
⑤ 설탕 5g
⑥ 소금 20g
⑦ 깨소금 5g
⑧ 참기름 5mL
⑨ 설탕 10g
⑩ 검은 후춧가루 2g
⑪ 식용유 10mL

🖌 조리과정

01 재료를 깨끗이 세척하고 조기는 칼로 비늘을 꼼꼼하게 제거하고 지느러미는 가위로 잘라서 제거해주세요.

Tip 꼬리에서 머리 방향으로 제거해 주세요.

02 아가미를 가위로 깨끗이 제거해 주세요.

Tip 턱 선이 끊어지지 않도록 주의해 주세요.

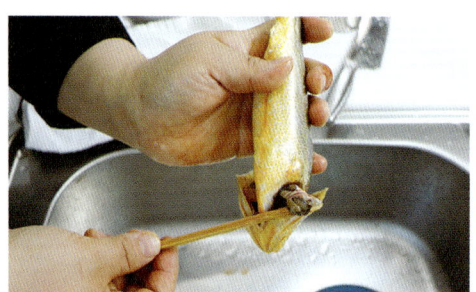

03 내장은 아가미를 통해 젓가락을 넣어 내장을 깨끗이 제거한 뒤 수분을 제거해 줍니다.

Tip 생선의 오른쪽 아가미를 이용해 주세요.

04 생선을 앞뒤로 칼집을 3cm 간격으로 3~4번 넣어 내준 뒤 소금을 뿌려 수분을 잡아주세요.

05 고추장 2큰술, 설탕 1큰술, 다진 파, 다진 마늘, 부순 깨소금, 검은후춧가루, 참기름을 넣어 양념장을 만들어 물을 이용 농도를 조절해 주세요.

06 생선을 세척 하여 수분을 잡아준 뒤 유장(참기름 1큰술, 진간장 1작은술)을 발라준 뒤 초벌로 구워줍니다.

Tip 80% 이상 충분히 익혀준다.

07 초벌구이해준 생선은 고추장 양념을 골고루 발라 타지 않게 구워주세요.

(Tip) 생선을 뒤집는 과정에 생선이 부서질 수 있으니 유의해 주세요.

08 그릇에 머리는 왼쪽, 배는 아래쪽, 꼬리는 오른쪽으로 가게 담아주세요.

09 생선양념구이 완성

합격 Point!

- 석쇠에 들러붙을 수 있으니 **생선의 수분을 말끔히 제거하고 석쇠와 생선 모두 기름 코팅을 꼼꼼히** 한다.
- 칼집을 너무 깊게 넣게 되면 익히는 도중 칼집이 벌어지게 되어 부서질 수 있으니 유의해 주세요.
- **생선 담는 방향을 유의**해 주세요.
- 구이 작업이 끝나면 **마무리 작업 시 가스레인지 정리**를 꼭 하셔야 한다는 것 잊지 마세요(제출 후).

생선찌개

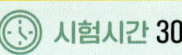 **시험시간 30분**

같이 공부해보세요.

육회(20분), **두부조림**(25분), **육원전**(20분), **너비아니구이**(25분), **더덕생채**(20분), **풋고추전**(25분), **더덕구이**(30분), **배추김치**(35분)

요구사항

※ **주어진 재료를 사용하여 다음과 같이 생선찌개를 만드시오.**

① 생선은 4~5cm 정도의 토막으로 자르시오.

② 무, 두부는 2.5cm×3.5cm×0.8cm로 써시오.

③ 호박은 0.5cm 반달형, 고추는 통 어슷썰기, 쑥갓과 파는 4cm로 써시오.

④ 고추장, 고춧가루를 사용하여 만드시오.

⑤ 각 재료는 익는 순서에 따라 조리하고, 생선 살이 부서지지 않도록 하시오.

⑥ 생선 머리를 포함하여 전량 제출하시오.

크기비교

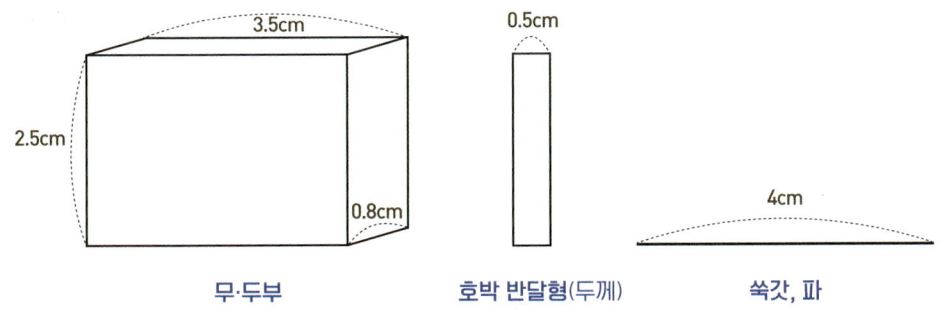

무·두부   호박 반달형(두께)   쑥갓, 파

🧾 지급재료

① 동태(300g) 1마리　⑧ 마늘 2쪽
② 무 60g　⑨ 생강 10g
③ 애호박 30g　⑩ 실파 40g
④ 두부 60g　⑪ 고추장 30g
⑤ 풋고추 1개　⑫ 소금 10g
⑥ 홍고추 1개　⑬ 고춧가루 10g
⑦ 쑥갓 10g

🧑‍🍳 조리과정

01 재료는 깨끗이 세척해두고 쑥갓은 물에 담궈 줍니다.
생선은 지느러미를 가위로 제거하고 비늘은 꼬리에서 머리로 긁어 제거해 주세요.

02 생선의 이빨을 제거하고 머리를 잘라 내장과 막을 깨끗하게 제거합니다.

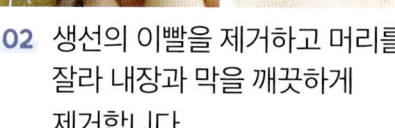

(Tip) 내장과 피막을 깨끗하게 뼈 쪽에 고여 있는 검은 피부분도 손으로 긁어 제거해주세요

03 몸통은 5~6cm로 토막 내고 꼬리는 7cm로 토막 내어 주시고, 토막 낸 생선은 찬물에 담궈 핏물을 제거해 주세요.

04 두부, 무는 2.5cm×3.5cm×0.8cm 직사각형 모양으로 썰고 호박은 0.5cm 두께로 반달 모양으로 썰어 주세요.

Part 4. 시험시간 30분

05 실파는 4cm로 썰고 고추는 길이 4cm 두께 0.5cm 크기로 어슷 썰어 줍니다. 마늘 생강은 곱게 다져 주세요.

06 물 4컵과 고추장 1큰술, 고춧가루 1큰술, 무를 넣고 끓여줍니다.

07 물이 끓으면 생선을 넣어 주고 생선이 반 이상 익으면 호박을 넣고 좀 더 끓여 주세요.

08 재료가 다 익으면 두부와 청·홍고추를 넣고 소금으로 간을 하여 실파를 넣어 바로 불을 꺼주세요.

09 완성 그릇에 담은 다음 모든 재료가 골고루 보이게 담아주고 쑥갓 잎을 가지런히 올려 완성해 주세요.

10 생선찌개 완성

합격 Point!

- ✓ **생선의 아가미와 이빨을 꼭 제거**해주세요.
- ✓ 너무 센불에 장시간 끓이면 생선 살이 부서질 수 있으므로 **물이 한번 끓어 오르면 약불로 줄여 은은하게 끓여주세요.**

오징어볶음

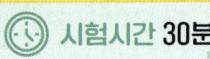 시험시간 30분

같이 공부해보세요.
완자탕(30분), **표고전**(20분), **너비아니구이**(25분), **재료썰기**(25분), **북어구이**(20분), **생선전**(25분), **콩나물밥**(30분), **겨자채**(35분), **배추김치**(35분)

요구사항
※ 주어진 재료를 사용하여 다음과 같이 오징어볶음을 만드시오.
① 오징어는 0.3cm 폭으로 어슷하게 칼집을 넣고, 크기는 4cm×1.5cm 정도로 써시오(단, 오징어 다리는 4cm 길이로 자른다).
② 고추, 파는 어슷썰기, 양파는 폭 1cm로 써시오.

크기비교

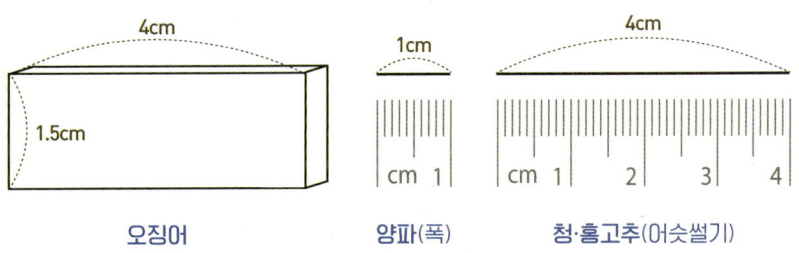

오징어   양파(폭)   청·홍고추(어슷썰기)

지급재료

① 물오징어(250g) 1마리
② 양파 1/3개
③ 홍고추 1개
④ 풋고추 1개
⑤ 마늘(중, 깐 것) 2쪽
⑥ 대파(흰 부분, 4cm)1토막
⑦ 생강 5g
⑧ 진간장 10mL
⑨ 흰설탕 20g
⑩ 고춧가루 15g
⑪ 고추장 50g
⑫ 참기름 10mL
⑬ 검은후춧가루 2g
⑭ 식용유 30mL
⑮ 깨소금 5g
⑯ 소금 5g

조리과정

01 재료는 깨끗이 세척하고 오징어는 반을 갈라 내장과 뼈대를 제거해 줍니다.

02 가위를 이용 눈이 터지지 않도록 제거하고 입 빨판을 제거하여 깨끗이 씻어 준비해 주세요.

03 청·홍고추와 대파는 4cm 크기로 어슷하게 썰어주세요. 마늘은 곱게 다져 준비합니다.
(Tip) 고추는 물에 담궈 씨를 제거해 주세요.

04 양파는 폭이 1cm가 되도록 두껍게 채를 썰어주세요.

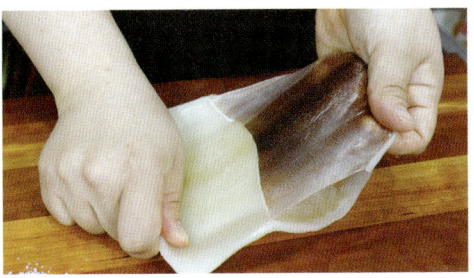

05 오징어의 껍질은 소금 또는 행주를 이용하여 벗겨 줍니다.

06 오징어의 내장이 붙어있던 면에 0.3cm 간격으로 어슷하게 칼집을 넣어 주고 오징어의 가로 길이가 4cm 크기가 될 수 있도록 썰어 2cm 크기로 썰어줍니다. 다리는 2~3등분으로 다듬어 주세요.

Tip 다리는 조직이 발달하여 질기고 많이 줄어들게 됩니다. ▶ 여유 있게 잘라주세요.

07 고추장 3큰술, 고춧가루 2/3큰술, 설탕 2큰술, 간장 1작은술, 참기름, 깨소금, 검은후춧가루, 참기름, 다진 마늘을 넣어 고추장 양념을 만들어 생강즙을 이용하여 농도를 조절해주세요.

08 팬에 식용유를 두르고 오징어를 센불에서 볶아 줍니다. 오징어가 반 정도 익으면 양파를 넣고 볶아 줍니다.

Tip 팬이 달구어 지면 오징어를 넣고 볶아주세요.

09 양념장이 탈 수 있으니 불을 끄고 양념장을 넣어 고루 잘 섞어질 수 있도록 잘 저어 섞어 주세요.

10 불을 켜고 홍고추, 풋고추, 대파를 넣고 살짝 볶아 참기름으로 마무리해 줍니다.

11 완성 접시에 모든 재료가 골고루 보이게 담아줍니다.

12 오징어볶음 완성

Tip 칼집이 선명한 부분을 위로 올려주시면 좋아요.

합격 Point!

✔ 오징어의 **칼집이 충분히 들어가야 익는 시간도 단축되며 모양이 선명**하게 나올수 있습니다.

✔ 남은 시험시간은 고려하여 **미리 볶지 말고 제출 전에 볶아 내는 것**이 물이 생기지 않아 좋습니다.

✔ 오징어 칼집을 넣으실 때는 칼을 45도 각도로 누워 칼집을 넣으셔야 칼집이 깊게 들어가 또렷하고 솔방울 모양의 오징어 모양을 만들 수 있습니다.

Memo

완자탕

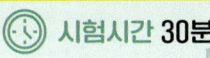 시험시간 **30분**

같이 공부해보세요.

풋고추전(25분), **두부조림**(25분), **북어구이**(20분), **더덕구이**(30분), **오징어볶음**(30분), **홍합초**(20분), **배추김치**(35분)

요구사항

※ 주어진 재료를 사용하여 다음과 같이 완자탕을 만드시오.

① 완자는 직경 3cm 정도로 6개를 만들고, 국 국물의 양은 200mL 이상 제출하시오.

② 달걀은 지단과 완자용으로 사용하시오.

③ 고명으로 황·백지단(마름모꼴)을 각 2개씩 띄우시오.

크기비교

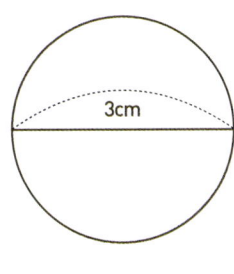

완자(원)

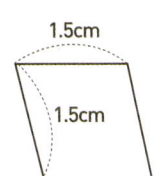

지단(마름모)

📋 지급재료

① 소고기(살코기) 50g
② 소고기(사태) 20g
③ 달걀 1개
④ 대파 1/2토막
⑤ 마늘 2쪽
⑥ 두부 15g
⑦ 밀가루 10g
⑧ 식용유 20mL
⑨ 국간장 5mL
⑩ 소금 10g
⑪ 키친타올 1장
⑫ 설탕 5g
⑬ 참기름 5mL
⑭ 깨소금 5g
⑮ 검은후춧가루 2g

🥄 조리과정

01 재료는 깨끗이 세척하고 육수용 고기는 물에 담아 핏물을 제거해 줍니다.

(Tip) 시험장에서 한 종류의 고기가 함께 지급될 수 있으니 분리하여 사용해 주세요.

02 냄비에 물 3컵 이상 소고기(사태)와 파, 마늘을 넣고 찬물부터 육수를 끓입니다.

(Tip) 완자에 들어갈 파, 마늘을 꼭 남겨주세요.

03 두부는 수분을 제거한 뒤 곱게 으깨 주세요.

04 소고기는 핏물을 제거해서 곱게 다져줍니다.

05 양념(소금 1/3작은술, 설탕 1/2작은술, 깨소금, 검은후춧가루, 참기름 약간, 다진 파, 다진 마늘 약간을 넣고 두부와 고기를 넣어 치대줍니다.

(Tip) 치대 준 다음 직경 3cm 정도의 완자 6개를 만들어 줍니다.

06 젖은 면보에 국물을 거른 다음 국간장으로 색을 내고 소금으로 간을 해 주세요.

(Tip) 시험장에서는 간을 볼 수 없으니 연습 시 맛을 보시고 숙련해 주세요.

07 지단은 황·백 지단을 각각 1큰술씩만 부치고 길이 1.5~2cm 정도의 마름모꼴로 썰어줍니다.

(Tip) 나머지는 노른자와 흰자를 섞어서 달걀물을 만들어 둡니다.

08 모양을 만든 완자에 밀가루 ▶ 달걀 순서대로 골고루 입혀 줍니다.

(Tip) 밀가루가 두껍게 묻지 않도록 털어 내주세요.

09 식용유를 두른 팬에 완자를 굴려가며 충분히 익히고 키친타올을 이용해 기름을 제거해 주세요.

10 냄비에 육수를 넣어 끓으면 완자를 넣고 은은하게 끓여 줍니다.
(Tip) 센불에 끓이거나 오래 끓이시면 국물이 탁해질 수 있습니다.

11 국그릇에 완자를 먼저 담아주고 200mL 이상의 국물을 담아 주세요.

12 완자탕 완성

합격 Point!

- ✓ 육수를 끓일 때 센불로 끓이면 국물이 탁해질 수 있으니 **은은한 불에 거품을 제거하면서 끓여야 맑은 육수**를 끓일 수 있습니다.
- ✓ **고기와 두부의 수분을 충분히 잡아**주어야 완자의 모양이 깨지지 않습니다.
- ✓ 시간이 지나면 완자가 육수를 흡수하여 국물의 양이 줄어들 수 있습니다. **200mL 이상 충분하게** 담아주세요.

Memo

장국죽

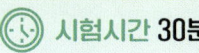 시험시간 30분

같이 공부해보세요.
육원전(20분), **너비아니구이**(25분), **재료썰기**(25분), **생선양념구이**(30분), **풋고추전**(25분), **생선전**(25분), **두부조림**(25분), **겨자채**(35분), **배추김치**(35분)

요구사항
※ 주어진 재료를 사용하여 다음과 같이 장국죽을 만드시오.
① 불린 쌀을 반 정도로 싸라기를 만들어 죽을 쑤시오.
② 소고기는 다지고 불린 표고는 3cm 정도의 길이로 채 써시오.

크기비교

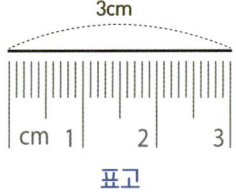
표고

지급재료

① 쌀(30분 정도 물에 불린 쌀) 100g
② 소고기 20g
③ 표고(불린 것) 1개
④ 대파(흰 부분, 4cm) 1토막
⑤ 마늘(중 깐 것) 1쪽
⑥ 국간장 10mL
⑦ 진간장 10mL
⑧ 검은후춧가루 1g
⑨ 참기름 10mL
⑩ 깨소금 5g

🥄 조리과정

01 재료는 깨끗이 세척하고 쌀을 체에 밭쳐 수분을 제거해 주세요.

02 지퍼팩에 쌀을 넣고 밀대를 이용하여 반 정도의 싸라기를 만들어 주세요.

03 부서진 쌀을 계량컵에 담아 계량해 주세요.

04 표고는 얇게 포를 뜬 다음 3cm로 채를 썹니다.

05 소고기는 곱게 다져 주세요.

06 소고기와 표고에 양념(간장 1/2작은술, 다진 파, 마늘, 참기름, 검은후춧가루, 깨소금 약간)을 해 주세요.

Tip 설탕은 들어가지 않습니다.

07 냄비에 참기름을 두르고 소고기 ▶ 버섯 ▶ 쌀 순서대로 넣어 볶아주세요.
Tip 냄비에 들러붙어 탈 수 있으니 주의해 주세요.

08 쌀의 양에 6배의 물을 넣고 강불로 끓이다가 끓어오르면 약불로 줄여 주걱으로 저어가며 쌀알이 퍼질 때까지 끓여 국간장을 이용 색과 간을 맞춰 주세요.

09 완성 그릇에 담아 완성해 줍니다.
Tip 표고버섯을 이용 고명으로 올려 주세요.

10 장국죽 완성

합격 Point!

- ✓ **쌀을 반 이상 충분히 부셔** 주어야 합니다.
- ✓ **수시로 저어가며** 끓여주세요.

제육구이

 시험시간 30분

같이 공부해보세요.

두부조림(25분), **육회**(20분), **두부젓국찌개**(20분), **더덕생채**(20분), **오징어볶음**(30분), **표고전**(20분), **섭산적**(30분), **배추김치**(35분)

요구사항

※ 주어진 재료를 사용하여 다음과 같이 제육구이을 만드시오.

① 완성된 제육은 0.4cm×4cm×5cm 정도로 하시오.

② 고추장 양념하여 석쇠에 구우시오.

③ 제육구이는 전량 제출하시오.

크기비교

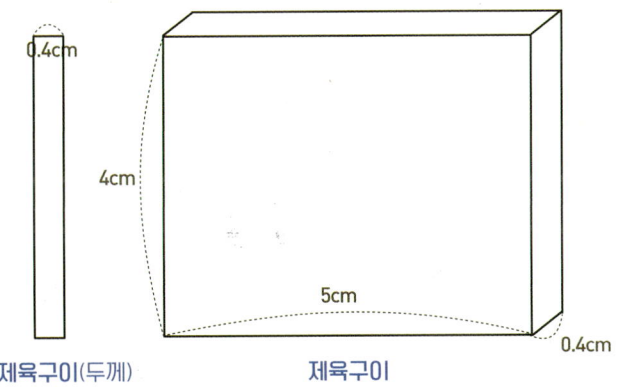

제육구이(두께)   제육구이

지급재료

① 돼지고기(등심 또는 볼깃살) 150g
② 고추장 40g
③ 진간장 10mL
④ 대파(흰 부분 4cm 정도) 1토막
⑤ 마늘(중, 깐 것) 2쪽
⑥ 생강 10g
⑦ 검은후춧가루 2g
⑧ 설탕 15g
⑨ 깨소금 5g
⑩ 참기름 5mL
⑪ 식용유 10mL

조리과정

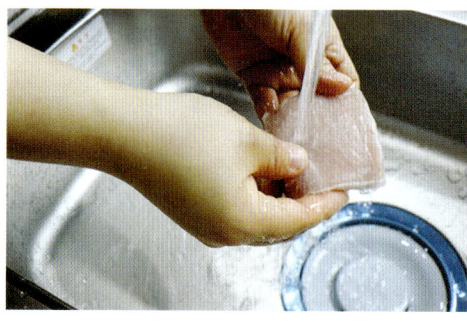

01 재료는 깨끗하게 세척해 주세요.

02 파, 마늘, 생강은 곱게 다지고 다진 생강은 물 1큰술을 넣은 뒤 체에 걸러 생강즙을 만들어 주세요.

03 4.5×5.5cm 크기로 재단하여 0.5cm 두께로 전량 포를 떠 주세요.

04 포를 뜬 고기에 사선으로 칼집을 넣고 뒤집어 칼집을 넣어 칼등으로 두들겨 모양을 잡아줍니다.

05 고추장 3큰술, 설탕 1큰술, 검은후춧가루, 깨소금, 참기름, 다진 파, 다진 마늘을 넣어 양념장을 만들고 생강즙으로 농도를 맞춰주세요.

06 양념을 고루 발라 재워 주세요.

07 석쇠를 달궈 기름 코팅을 하고 양념한 고기를 올려 타지 않게 구워 주세요.

08 완성 접시에 전량을 모두 담아냅니다.

합격 Point!

- ✓ **양념이 묻어 있어 충분히 익히는 동안 태울 수 있으니 주의**해 주세요.
- ✓ **전량 제출하는 메뉴**입니다. 버리는 부분(폐기율)이 많이 생기지 않도록 해주세요.
- ✓ 구이 작업이 끝나면 **마무리 작업 시 가스레인지 정리**를 꼭 하셔야 한다는 것 잊지 마세요(제출 후).

콩나물밥

 시험시간 30분

같이 공부해보세요.

육회(20분), **풋고추전**(25분), **생선전**(25분), **섭산적**(30분), **오징어볶음**(30분), **너비아니구이**(25분), **생선양념구이**(30분), **배추김치**(35분)

요구사항

※ 주어진 재료를 사용하여 다음과 같이 콩나물밥을 만드시오.

① 콩나물은 꼬리를 다듬고 소고기는 채 썰어 간장 양념을 하시오.

② 밥을 지어 전량 제출하시오.

지급재료

① 쌀 30분정도 물에 불린쌀 150g
② 콩나물 60g
③ 소고기 살코기 30g
④ 대파 흰부분 (4cm) 1토막
⑤ 마늘 1쪽
⑥ 진간장 5mL
⑦ 참기름 5mL

🥄 조리과정

01 재료를 깨끗이 세척해 주세요.
쌀은 체를 이용해 깨끗이 씻은 뒤 수분을 제거해 줍니다.

02 콩나물은 꼬리 부분을 다듬어 주세요.

(Tip) 지저분해 보일 수도 있지만 콩나물 특유의 비린내가 날 수 있으므로 깨끗하게 제거해 주세요.

03 파, 마늘은 곱게 다져 주세요.

04 소고기는 핏물을 제거한 뒤 일정하게 채를 썰어 줍니다.

(Tip) 찬물에 담궈 핏물을 제거하시면 밥의 색이 변하는 것을 막을 수 있습니다.

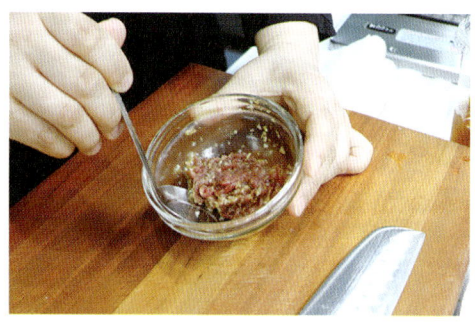

05 간장 1/2작은술, 참기름, 후추약간, 다진 파, 마늘을 넣고 양념을 만들어 소고기에 버무려 주세요.

(Tip) 설탕, 깨소금, 검은후춧가루는 들어가지 않습니다.

06 냄비에 쌀을 넣고 쌀과 동일한 양(1:1)의 물을 넣어주고 위에 콩나물과 고기를 올려 밥을 짓습니다.

(Tip) 투명한 유리뚜껑을 활용하시면 더욱 편리 합니다.

07 강 불로 끓이다가 끓기 시작하면 젖은 행주나 면보로 감싼 뚜껑을 덮고 중불에서 3분 약 불로 줄이고 5분간 뜸을 들여 주세요.

(Tip) 중불과 약불이 불이 강하게 가열되면 밥이 눌릴 수 있으니 주의 하세요.

08 뜸이 다 들면 콩나물과 소고기가 밥을 고루 섞어 주세요.

09 완성 그릇에 소고기와 콩나물이 위에 보이도록 담습니다.

(Tip) 젓가락에 물을 묻혀 이용하시면 좀 더 깔끔하게 정돈하여 담을 수 있습니다.

10 콩나물밥 완성

합격 Point!

- ✓ 밥이 고슬고슬하게 지어져야 좋습니다.
- ✓ 소고기 양념에 설탕, 깨소금, 검은후춧가루가 들어가지 않으니 꼭 기억해 주세요.

Part 5.

시험시간 35분

겨자채

 시험시간 **35분**

같이 공부해보세요.

표고전(20분), **육원전**(20분), **육회**(20분), **장국죽**(30분), **오징어볶음**(30분), **오이소박이**(20분)

요구사항

※ 주어진 재료를 사용하여 다음과 같이 겨자채를 만드시오.

① 채소, 편육, 황·백지단, 배는 0.3cm×1cm×4cm로 써시오.
② 밤은 모양대로 납작하게 써시오.
③ 겨자는 발효시켜 매운맛이 나도록 하여 간을 맞춘 후 재료를 무쳐서 담고, 통잣을 고명으로 올리시오.

크기비교

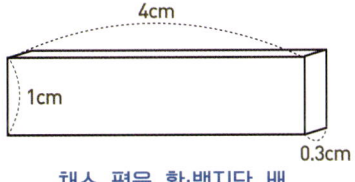

채소, 편육, 황·백지단, 배

지급재료

① 소고기(살코기, 길이 5cm) 50g
② 오이(가늘고 곧은 것, 길이 20cm) 1/3개
③ 당근(곧은 것, 길이 7cm) 50g
④ 배(중(길이로 등분), 50g 정도 지급) 1/8개
⑤ 양배추(길이 5cm) 50g
⑥ 밤(생 것, 깐 것) 2개
⑦ 달걀 1개
⑧ 겨자가루 6g
⑨ 잣 5개
⑩ 흰설탕 20g
⑪ 식초 10mL
⑫ 진간장 5mL
⑬ 소금 5g
⑭ 식용유 10mL

🥄 조리과정

01 재료는 깨끗이 세척하고 밤과 배는 옅은 설탕물에 담궈 갈변을 방지해 주세요.

02 냄비에 물을 올리고 물이 끓으면 소금 1/2큰술을 넣고 고기를 넣어 삶아 주세요.

03 편육을 삶는 동안 겨자 1큰술, 물 1/2큰술을 넣어 되직하게 게워준 다음 편육을 삶는 냄비 뚜껑 위에 올려 발효 시켜 주세요.

04 오이는 돌려 깎아 썰기 또는 1/4로 썰어 씨를 제거한 다음 0.3cm×1cm×4cm로(골패 썰기) 썰고 당근, 양배추는 규격에 맞춰 썰어 찬물에 담궈 아삭하게 만들어 주세요.

05 배는 껍질을 제거해서 0.3cm×1cm×4cm로(골패 썰기) 썰어 주고 밤은 원형 모양 그대로 편 썰어 옅은 설탕물에 담궈 갈변을 막아 주세요.

06 고기는 젖은 면보로 모양을 잡아주어 충분히 식혀준 다음 0.3cm×1cm×4cm로(골패 썰기) 썰어 주세요.

07 달걀은 황·백으로 나누어 지단을 부친 다음 0.3cm×1cm×4cm 직사각형(골패썰기) 모양으로 썰어 주세요.

08 발효된 겨자에 설탕1큰술, 식초1큰술, 소금, 간장 소량을 넣어 겨자소스를 만들어 주세요.
Tip 발효된 겨자를 그대로 방치하면 겨자가 굳어 덩어리가 생길 수 있습니다 발효직후 겨자에 온기가 있을 때 만드시면 편리합니다.

09 채소와 배, 밤의 수분을 모두 제거하여 지단을 제외한 모든 재료를 겨자소스와 버무려 주고 마지막에 황·백지단을 넣어 살살 버무려 주세요.

10 완성한 겨자채를 모든 재료가 고루 보일 수 있도록 담아준 다음 위에 잣을 고명으로 올려 완성해 주세요.

11 겨자채 완성

합격 Point!

✓ **시간이 부족한 메뉴**입니다. 재단 작업 시 빠른 시간에 끝낼 수 있도록 해주세요.

✓ **지급된 재료를 전량 사용하시고 버리는 부분이 많이 생기지 않도록 주의**해 주세요.

미나리강회

 **시험시간 35분**

📖 같이 공부해보세요.

육원전(20분), **너비아니구이**(25분), **표고전**(20분), **북어구이**(20분), **홍합초**(20분), **더덕생채**(20분), **육회**(20분), **오이소박이**(20분)

📋 요구사항

※ 주어진 재료를 사용하여 다음과 같이 미나리강회를 만드시오.

① 강회의 폭은 1.5cm, 길이는 5cm로 만드시오.

② 붉은 고추의 폭은 0.5cm, 길이는 4cm로 만드시오.

③ 달걀은 황·백지단으로 사용하시오.

④ 강회는 8개 만들어 초고추장과 함께 제출하시오.

📏 크기비교

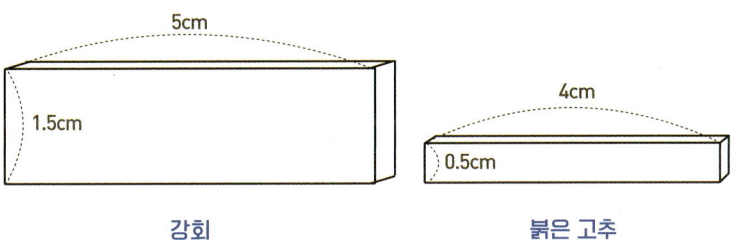

강회   붉은 고추

🧃 지급재료

① 소고기(살코기, 길이 7cm) 80g
② 달걀 2개
③ 미나리(줄기 부분) 30g
④ 홍고추(생) 1개
⑤ 고추장 15g
⑥ 소금 5g
⑦ 식초 5mL
⑧ 흰설탕 5g
⑨ 식용유 10mL

조리과정

01 재료는 깨끗이 세척하고 미나리는 잎과 뿌리를 제거하여 손질해 주세요.

02 끓는 물에 소금을 넣은 뒤 데쳐 찬물에 식혀주세요.
Tip 오래 데치면 색이 변할 수 있으니 20~30초간 데쳐주는 것이 좋습니다.

03 끓는 물에 핏물을 제거한 고기를 넣고 삶아 줍니다(소금).
Tip 육수를 끓일 때에는 찬물부터 고기를 넣고 편육을 삶을 때에는 물이 끓을 때 넣어주세요.

04 식힌 미나리는 수분을 제거하고 2~3갈래로 나누어 길이를 다듬어 주세요.

05 홍고추는 반으로 갈라 씨를 제거한 다음 4×0.5cm로 8개를 썰어 줍니다.

06 고기를 젖은 면보 위에 감싸서 모양을 잡아줍니다. 고기는 식힌 다음 5×1.5cm로 썰어줍니다.
Tip 식히지 않고 썰게 되면 고기가 부서질 수 있습니다.

07 고추장 1큰술, 설탕 1/2큰술, 식초 1큰술을 넣어 초고추장을 만들어 주세요.

08 지단은 황·백지단으로 나누어 가로×세로 12cm 정도의 정사각형 모양으로 부친 다음 5×1.5cm로 각각 8개씩 썰어 줍니다.

09 고기-백지단-황지단-홍고추 또는 고기-황지단-백지단 순으로 8개를 만들어 주세요.

(Tip) 윗면이 백지단, 황지단 두개 중 색이 좋은 지단으로 윗면으로 선택하시면 됩니다.

10 완성한 미나리강회 8개를 모양 있게 담아주고 초고추장을 곁들여서 완성해 주세요.

11 미나리강회 완성

합격 Point!

✓ **두꺼운 고기가 지급되었을 경우 길이에 맞추어 반으로 잘라 삶아주면** 시간을 줄일 수 있습니다.

✓ 노른자보다 흰자양이 더 많아 전량을 부치게 되면 시간이 부족할 수 있으니 **황지단 크기에 맞추어 부쳐**주세요.

배추김치

 시험시간 **35분**

같이 공부해보세요.

두부조림(25분), **북어구이**(20분), **너비아니구이**(25분), **재료썰기**(25분), **두부젓국찌개**(20분), **풋고추전**(25분), **오이소박이**(20분)

요구사항

※ 주어진 재료를 사용하여 다음과 같이 배추김치를 만드시오.

① 배추는 씻어 물기를 빼시오.
② 찹쌀가루로 찹쌀풀을 쑤어 식혀 사용하시오.
③ 무는 0.3cm×0.3cm×5cm 크기로 채 썰어 고춧가루로 버무려 색을 들이시오.
④ 실파, 갓, 미나리, 대파(채썰기)는 4cm로 썰고, 마늘, 생강, 새우젓은 다져 사용하시오.
⑤ 소의 재료를 양념하여 버무려 사용하시오.
⑥ 소를 배춧잎 사이사이에 고르게 채워 반을 접어 바깥잎으로 전체를 싸서 담아내시오.

지급재료

① 절임배추 (포기당 2.5~3kg) 1/4포기(포기당 (500g~600g)
② 무(길이 5cm이상) 100g
③ 실파 20g (쪽파 대체가능)
④ 갓 20g (적겨자 대체가능)
⑤ 미나리(줄기부분) 10g
⑥ 찹쌀가루 (건식 가루) 10g
⑦ 새우젓 20g
⑧ 멸치액젓 10mL
⑨ 대파(4cm, 흰부분) 1토막
⑩ 마늘(중, 깐 것) 2쪽
⑪ 생강 10g
⑫ 고추가루 50g
⑬ 소금 10g
⑭ 흰설탕 10g

🥄 조리과정

01 재료는 깨끗이 세척해 주세요. 배추는 사이사이 흐르는 물에 잘 씻어주세요.

02 찹쌀가루와 물 1컵을 넣고 찹쌀풀을 쑤어줍니다.(찹쌀가루와 물을 고루 저어 충분히 섞은뒤 불을켜고 가열해야 뭉치지 않습니다)

03 무는 껍질을 제거하고 0.3cm×0.3cm×5cm 로 채썰어주세요.

04 채썬 무는 고춧가루 2큰술을 넣고 버무려줍니다. 무에 색을 들여주세요.

05 실파, 미나리, 갓, 대파(채썰기)는 4cm로 썰어주세요.

06 마늘, 생강, 새우젓은 다져서 준비해주세요.

07 찹쌀풀 4큰술, 마늘, 생강, 멸치액젓 1/2큰술, 고춧가루 3큰술, 설탕 1큰술, 소금 1작은술, 채썬대파를 넣고 양념을 먼저 버무려주세요.

08 먼저 양념을 버무려서 잘 섞어주세요.

09 잘 섞어준 양념에 고춧가루에 버무린 무채도 넣어서 다시 섞어주세요.

10 마지막으로 갓, 미나리, 실파도 넣어서 섞어주세요.

> Tip 순서를 지켜주세요. 초록색이 나는 채소는 마지막에 넣어주셔야 해요. 마지막에 넣어야 초록 채소에서 풋내가 나지 않아요.

11 믹싱볼이나 큰 접시를 이용하여 속재료를 골고루 채워주세요.

> Tip 양념은 겉잎부터 속잎으로 진행해주세요. 반대로 진행하면 양념이 쏟아질 수 있어요.

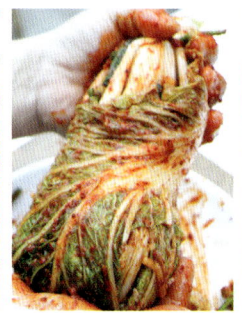

12 배추의 양념이 쏟아지지 않게 잘 잡고 잎부분을 잡아 감싸주고, 겉잎으로 배추를 감아주어서 단단히 고정해주세요.

13 배추김치 완성

합격 Point!

- ✓ **찹쌀가루는 쑤어서 식혀서 사용해야 하므로 미리 끓여**주세요.
- ✓ 재료 썰기에 유의해주셔야 해요. **채썰기와 다지는 재료는 시험 시 다시 한번 확인** 해주세요.
- ✓ 채썰기 5cm : 무
  채썰기 4cm : 실파, 미나리, 대파
  다지기 : 마늘, 생강, 새우젓

Memo

잡채

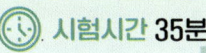 시험시간 **35분**

같이 공부해보세요.

도라지생채(15분), **북어구이**(20분), **홍합초**(20분), **두부젓국찌개**(20분), **풋고추전**(25분), **더덕구이**(30분), **더덕생채**(20분), **오이소박이**(20분)

요구사항

※ 주어진 재료를 사용하여 다음과 같이 잡채를 만드시오.

① 소고기, 양파, 오이, 당근, 도라지, 표고버섯은 0.3cm×0.3cm×6cm 정도로 썰어 사용하시오.
② 숙주는 데치고 목이버섯은 찢어서 사용하시오.
③ 당면은 삶아서 유장 처리하여 볶으시오.
④ 황·백지단은 0.2cm×0.2cm×4cm로 썰어 고명으로 얹으시오.

크기비교

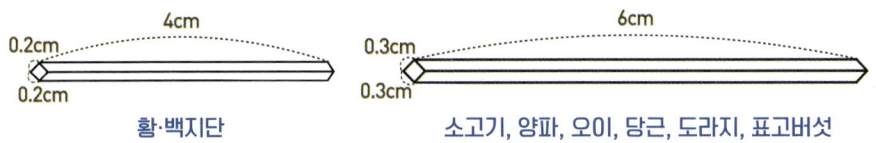

지급재료

① 당면 20g
② 소고기 살코기 길이 7cm 30g
③ 건표고버섯 지름 5cm 물에 불린 것 1개
④ 건목이버섯 지름 5cm 물에 불린 것 2개
⑤ 양파 중 150g 1/3개
⑥ 오이 길이 20cm 1/3개
⑦ 당근 길이 7cm 50g
⑧ 통도라지 껍질있는 것 길이 20cm 1개
⑨ 숙주 생것 20g
⑩ 흰설탕 10g
⑪ 대파 흰부분 (4cm) 1토막
⑫ 마늘 중 2쪽
⑬ 진간장 20mL
⑭ 식용유 50mL
⑮ 깨소금 5g
⑯ 검은 후춧가루 1g
⑰ 참기름 5mL
⑱ 소금 15g
⑲ 달걀 1개

조리과정

01 재료는 깨끗이 세척 해주세요
(Tip) 당면이 단단하기 때문에 제일 먼저 당면을 제일 먼저 물을 묻히면 모든 재료를 세척후에는 가위로 쉽게 자라 물에 불리기 편리합니다.

02 숙주는 머리와 꼬리를 제거하여 끓는물에 데쳐 찬물에 식힌 다음 소금, 참기름 양념을 합니다.

03 물을 끓여 당면을 5분간 삶아 찬물에 헹궈 수분을 제거한 뒤 간장 1작은술, 설탕 1작은술, 참기름 1작은술로 유장 양념을 합니다.

04 도라지는 껍질을 옆으로 돌려 제거하고 6×0.3×0.3cm 크기로 채 썰어 소금물에 절여 쓴맛을 제거합니다.

05 오이는 돌려 깎아 채 썬 다음 소금을 뿌리고 당근도 채를 썰어 소금을 뿌려 절여 줍니다.

06 양파는 6cm 크기로 채 썰어 주세요.

07 목이버섯은 3cm 크기로 뜯고 표고버섯은 기둥을 제거하고 포를 떠서 채 썰어 줍니다. 소고기는 가늘게 채를 썰어 주세요.

08 표고버섯, 목이버섯, 소고기를(간,설, 참, 깨소금, 후, 파, 마) 양념을 해줍니다.

09 달걀은 황·백 지단을 부쳐서 4×0.2×0.2cm 크기로 채 썰어 줍니다.

10 양파→도라지→오이→당근 순서대로 볶아줍니다.

Tip 볶는 순서 : 흰색→초록색→붉은색

11 양념한 당면은 기름에 볶아줍니다.
Tip 혹시 당면이 덜 익었다면 물을 넣어 볶아주세요.

12 목이버섯→표고버섯→소고기 순서대로 볶아주세요.

13 볶은 재료들을 한 김 식혀 숙주와 함께 잘 버무려 주세요.

14 완성 그릇에 모든 재료가 고루 보이도록 둥글게 담아내고 고명으로 황·백지단을 올려주세요.

15 잡채 완성

합격 Point!

- ✓ **시간이 부족한 메뉴입니다** 평소에 채썰기 연습을 많이 해주세요.
- ✓ **각 재료의 색을 살려서** 볶아주세요.
- ✓ **전량 제출하는 품목**입니다. 버리는 부분(폐기율)이 많이 생기지 않도록 해주세요.

Memo

Part 5. 시험시간 35분

지짐누름적

 시험시간 **35분**

같이 공부해보세요.
북어구이(20분), **더덕생채**(20분), **표고전**(20분), **육회**(20분), **너비아니구이**(25분), **오이소박이**(20분)

요구사항
※ 주어진 재료를 사용하여 다음과 같이 지짐누름적을 만드시오.
① 각 재료는 0.6cm×1cm×6cm로 하시오.
② 누름적의 수량은 2개를 제출하고, 꼬치는 빼서 제출하시오.

크기비교

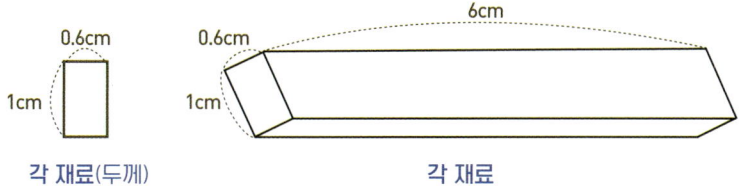

각 재료(두께)   각 재료

지급재료

① 소고기(살코기, 길이 7cm) 50g
② 건표고버섯 (지름 5cm, 물에 불린 것) 1개
③ 통도라지(껍질 있는 것, 길이 20cm) 1개
④ 쪽파 2뿌리
⑤ 당근(7cm) 50g
⑥ 산적 꼬치 2개
⑦ 대파(흰 부분, 4cm) 1토막
⑧ 마늘(중, 깐 것) 1쪽
⑨ 달걀 1개
⑩ 밀가루 20g
⑪ 진간장 10mL
⑫ 흰설탕 5g
⑬ 참기름 5mL
⑭ 깨소금 5g
⑮ 검은후춧가루 2g
⑯ 식용유 30mL
⑰ 소금 5g

🥢 조리과정

01 재료는 깨끗이 세척하고 표고는 수분을 제거해 주고 고기는 면보나 키친타올을 이용 핏물을 잡아주세요.

02 도라지는 껍질을 제거하고 6×1×0.6cm 크기로 2개 이상 썰어 줍니다.

03 당근도 6×1×0.6cm 크기로 2개 이상 썰어 주세요.

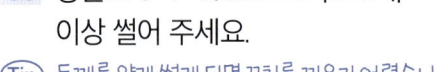
Tip 두께를 얇게 썰게 되면 꼬치를 끼우기 어렵습니다.

04 끓는 물에 소금을 살짝 넣어 당근과 도라지를 데친 다음 찬물에 헹궈 주세요.

Tip 너무 오래 데치면 부러질 수 있으니 주의해 주세요.

05 쪽파는 6cm로 잘라 정리해 주세요.

06 표고는 수분과 기둥을 제거하고 6×1×0.6cm로 2개 썰어 주고 소고기는 7×1×0.6cm으로 썰어 사선으로 칼집을 넣어 준 뒤 칼등으로 두들겨 모양을 잡아주세요.

07 간장, 설탕, 참기름, 깨소금, 후추, 다진 파, 다진 마늘로 양념장을 만들어 소고기와 표고에 양념해주세요.

08 도라지 ▶ 당근 ▶ 표고 ▶ 고기 순으로 볶아주세요.

09 재료의 색을 맞춰 꼬치에 끼워주세요(2개).

10 재료를 끼운 꼬치에 밀가루-달걀 순으로 골고루 묻혀 줍니다.

11 달궈진 팬에 색이 나지 않도록 약 불에 주걱으로 눌러가며 지져주세요.

(Tip) 넓은 뒤집개를 이용하여 꾹꾹 눌러가며 지져주세요.

12 살짝 식힌 다음 기름을 제거한 다음 꼬치를 돌려가며 빼 줍니다.

(Tip) 한 김 식힌 다음 꼬치를 제거하셔야 모양이 망가지지 않습니다.

13 완성 접시에 가지런히 담아냅니다.   14 지짐누름적 완성

합격 Point!

- ✓ **화양적과 모양과 조리법이 비슷해 시험장에서 실수**가 자주 일어납니다. 주의해 주세요.
- ✓ **고기나 표고의 길이가 짧게 나오는 경우 짧은 길이 그대로 사용**하시고 다른 재료의 길이는 6cm로 맞춰주세요.

Memo

탕평채

 시험시간 **35분**

같이 공부해보세요.
육회(20분), **표고전**(20분), **두부젓국찌개**(20분), **재료썰기**(25분), **생선전**(25분), **너비아니구이**(25분), **더덕구이**(30분), **생선양념구이**(30분), **북어구이**(20분), **두부조림**(25분), **오이소박이**(20분)

요구사항
※ 주어진 재료를 사용하여 다음과 같이 탕평채를 만드시오.

① 청포묵은 0.4cm×0.4cm×6cm로 썰어 데쳐서 사용하시오.

② 모든 부재료의 길이는 4~5cm로 써시오.

③ 소고기, 미나리, 거두절미한 숙주는 각각 조리하여 청포묵과 함께 초간장으로 무쳐 담아내시오.

④ 황·백지단은 4cm 길이로 채 썰고, 김은 구워 부셔서 고명으로 얹으시오.

크기비교

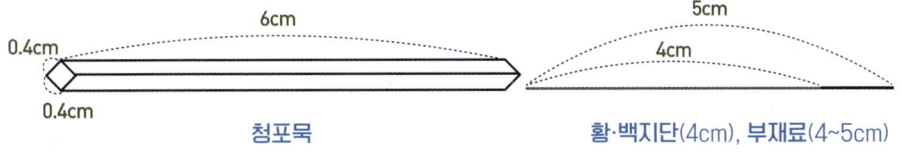

청포묵 / 황·백지단(4cm), 부재료(4~5cm)

지급재료

① 청포묵(6cm) 150g
② 소고기(살코기, 길이 5cm) 20g
③ 달걀 1개
④ 숙주 20g
⑤ 미나리(줄기 부분) 10g
⑥ 김 1/4장
⑦ 대파(흰부분 4cm) 1토막
⑧ 마늘 2쪽
⑨ 진간장 20mL
⑩ 검은후춧가루 1g
⑪ 흰설탕 5g
⑫ 식용유 10mL
⑬ 식초 5mL
⑭ 깨소금 5g
⑮ 참기름 5mL
⑯ 소금 5g

조리과정

01 재료는 깨끗이 세척하고 숙주는 머리와 꼬리를 제거합니다 (거두절미).

02 청포묵은 6×0.4×0.4cm로 썰어 주세요.

(Tip) 전량 사용하여 폐기율이 많이 나오지 않도록 해주세요.

03 미나리는 잎과 뿌리를 제거하고 4~5cm 크기로 썰어 줍니다.

04 끓는 물에 소금을 넣고 숙주 ▶ 청포묵 ▶ 미나리 순으로 데쳐주세요. 데친 재료는 찬물로 헹구고 소금, 참기름으로 양념해주세요.

05 소고기는 얇게 채 썰어 주세요.

06 간장, 설탕, 참기름, 깨소금, 후추, 다진 파, 다진 마늘로 양념장을 만들어 고기에 재워주세요.
간장 1작은술, 식초 1작은술, 설탕 1작은술을 넣어 초간장을 만들어 주세요.

07 달걀은 황·백 지단으로 부친 다음 4cm로 채 썰어 줍니다.

08 김은 달군 팬에 구워서 잘게 부숴 준비해 주세요.

09 달궈진 팬에 기름을 둘러 고기를 볶아 줍니다.

10 청포묵, 숙주, 미나리와 고기를 한데 섞어 초간장을 이용 고루 버무려 주세요.
완성 접시에 둥글게 모아 담아 김과 지단을 고명으로 올려 주세요.

(Tip) 묵이 부서지지 않게 젓가락으로 살살 버무려 주세요.

11 탕평채 완성

합격 Point!

- ✔ **데치는 재료와 볶는 재료를 구분**해 주세요.
- ✔ **제출 직전에 무쳐 담아** 국물이 고이지 않도록 해주세요.

Memo

화양적

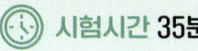 시험시간 35분

같이 공부해보세요.

무생채(15분), **더덕생채**(20분), **두부젓국찌개**(20분), **도라지생채**(15분), **육회**(20분), **홍합초**(20분), **오이소박이**(20분)

요구사항

※ 주어진 재료를 사용하여 다음과 같이 화양적을 만드시오.

① 화양적은 0.6cm×6cm×6cm로 만드시오.

② 달걀노른자로 지단을 만들어 사용하시오. (**단, 달걀흰자 지단을 사용하는 경우 실격으로 처리됩니다.**)

③ 화양적은 2꼬치를 만들고 잣가루를 고명으로 얹으시오.

크기비교

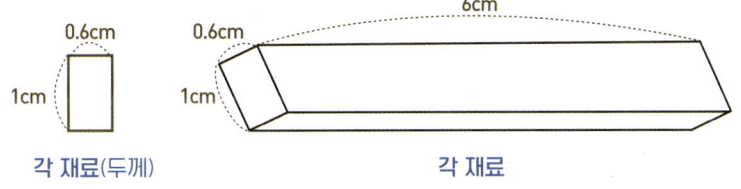

각 재료(두께)   각 재료

🥛 지급재료

① 소고기(살코기, 길이 7cm) 50g
② 건표고버섯 (지름 5cm, 물에 불린 것,) 1개
③ 달걀 2개
④ 당근(곧은 것, 길이 7cm) 50g
⑤ 오이(가늘고 곧은 것, 길이 20cm) 1/2개
⑥ 통도라지(껍질 있는 것, 길이 20cm) 1개
⑦ 대파(흰부분, 4cm) 1토막
⑧ 마늘(중 깐 것) 1쪽
⑨ 잣 10개
⑩ 산적꼬치(길이 8~9cm) 2개
⑪ 진간장 5mL
⑫ 소금 5g
⑬ 흰설탕 5g
⑭ 참기름 5mL
⑮ 검은후춧가루 2g
⑯ 깨소금 5g
⑰ 식용유 30mL

🍳 조리과정

01 재료는 깨끗이 세척하고 표고는 수분을 제거하여 고기는 핏물을 제거해 줍니다.

02 도라지는 옆으로 껍질을 제거하여 6×1×0.6cm 크기로 2개 이상 썰어 주세요.

03 당근도 6×1×0.6cm로 2개 이상 썰어 주세요.

04 끓는 물에 소금을 살짝 넣어 당근과 도라지를 데친 다음 찬물에 헹궈 주세요.

Tip 너무 오래 데치면 부러질 수 있습니다.

05 오이는 6cm로 잘라 씨를 제거한 다음 6×1×0.6cm로 2개 정도 썰어 소금을 뿌려 살짝 절여 주세요.

06 표고는 수분과 기둥을 제거하고 6×1×0.6cm 크기로 2개 썰어 줍니다. 소고기는 7×1×0.6cm으로 썰어 앞, 뒤 모두 사선으로 칼집을 넣어 준 뒤 칼등으로 두들겨 모양을 잡아 주세요.

Tip 소고기는 익으면서 수축하므로 여유 있게 모양을 잡아주세요.

07 간장, 설탕, 참기름, 깨소금, 후추, 다진 파, 다진 마늘 양념장을 만들고 소고기와 표고를 양념해주세요.

08 노른자는 2단 혹은 3단 접기로 두껍게 부쳐주세요. 한 김 식혀 6×1×0.6cm 크기로 2개를 썰어 준비해주세요.

09 도라지 ▶ 오이 ▶ 당근 ▶ 표고 ▶ 고기 순으로 볶아 줍니다.

Tip 각 재료의 색을 살려 주세요.

10 꼬치에 재료를 색이 겹치지 않게 끼워주고 꼬치의 양 끝을 1cm 정도 남게 잘라 주세요.

10 키친타올을 이용하여 잣을 곱게 다지고 완성한 화양적 위에 잣가루를 고명으로 뿌려 주세요.

11 화양적 완성

합격 Point!

- ✓ 각각의 재료의 색을 살릴 수 있도록 유의해 주세요.
- ✓ 고기나 표고의 길이가 짧게 나오는 경우 짧은 길이 그대로 사용하시고 다른 재료의 길이는 6cm로 맞춰주세요.

Memo

Part 6.

시험시간 40분

칠절판

 시험시간 40분

같이 공부해보세요.

홍합초(20분), **북어구이**(20분), **도라지생채**(15분), **무생채**(15분), **더덕생채**(20분), **오이소박이**(20분)

요구사항

※ 주어진 재료를 사용하여 다음과 같이 칠절판을 만드시오.

① 밀전병은 직경 8cm 되도록 6개를 만드시오.

② 채소와 황·백지단, 소고기는 0.2cm×0.2cm×5cm 정도로 써시오.

③ 석이버섯은 곱게 채를 써시오.

크기비교

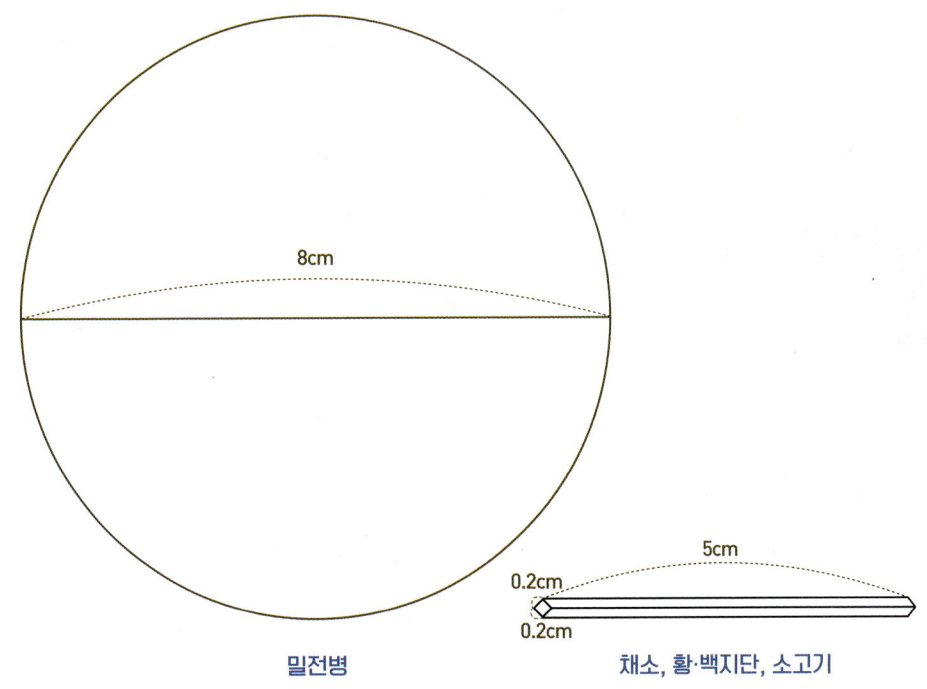

지급재료

① 소고기(살코기, 길이 6cm) 50g
② 오이 1/2개
③ 당근 50g
④ 달걀 1개
⑤ 석이버섯(마른 것) 5g
⑥ 밀가루 50g
⑦ 진간장 20mL
⑧ 마늘 2쪽
⑨ 대파(4cm) 1토막
⑩ 검은후춧가루 1g
⑪ 참기름 10mL
⑫ 흰설탕 10g
⑬ 깨소금 5g
⑭ 식용유 30mL
⑮ 소금 10g

조리과정

01 재료는 깨끗이 세척하고 석이는 물에 불려주세요.

02 오이는 돌려 깎아 5×0.2×0.2cm로 채를 썰고 당근도 5×0.2×0.2cm로 채 썰어 소금으로 절여주세요.

03 소고기는 핏물 제거 후 얇게 채 썰어 주세요.

04 석이는 소금으로 씻어 문질러 이끼를 제거하고 기둥을 제거한 뒤 둥글게 말아 곱게 채 썰어 주고 소금, 참기름으로 양념해 줍니다.

05 간장, 설탕, 참기름, 깨소금, 후추, 다진 파, 다진 마늘로 양념을 만들어, 소고기에 양념해주세요.

06 지단은 황·백으로 나누어 풀어준 다음 약불에서 지단을 부쳐 5×0.2×0.2cm로 채 썰어 주세요.

07 밀가루와 물의 비율을 1:1.2로 하여 밀가루, 소금을 풀어 체에 거른 다음 그리고 달궈진 팬에 8cm 크기로 6개를 부쳐 줍니다.

08 오이 ▶ 당근 순으로 볶아 식혀주세요.

09 석이버섯 ▶ 소고기 순으로 볶아 식혀주세요.

10 가운데에 밀전병 6개를 올려주고 나머지 재료들은 색이 겹치지 않도록 보기좋게 담아주세요.

11 칠절판 완성

합격 Point!

- ✓ **최대한 얇게 채를 썰어내셔야 둥글게 모양**을 담을 수 있습니다.
- ✓ 각 재료의 **색이 선명하게 나올 수 있도록 오래 볶지** 않습니다.

Memo

Part 7.

시험시간 50분

비빔밥

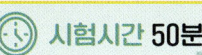 시험시간 50분

같이 공부해보세요.

무생채(15분), **도라지생채**(15분), **더덕생채**(20분), **오이소박이**(20분)

요구사항

※ 주어진 재료를 사용하여 다음과 같이 비빔밥을 만드시오.

① 채소, 소고기, 황·백지단의 크기는 0.3cm×0.3cm×5cm로 써시오.

② 호박은 돌려 깎기 하여 0.3cm×0.3cm×5cm로 써시오.

③ 청포묵의 크기는 0.5cm×0.5cm×5cm로 써시오.

④ 소고기는 고추장 볶음과 고명에 사용하시오.

⑤ 밥을 담은 위에 준비된 재료들을 색 맞추어 돌려 담으시오.

⑥ 볶은 고추장은 완성된 밥 위에 얹어 내시오.

크기비교

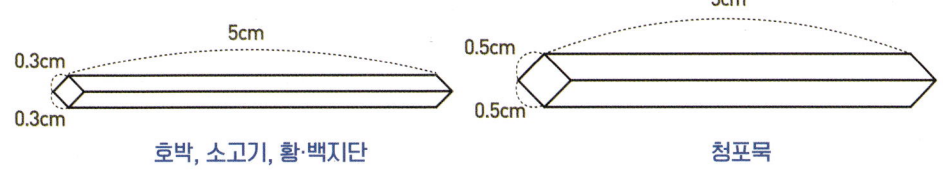

호박, 소고기, 황·백지단   청포묵

지급재료

① 쌀(30분 정도 물에 불린 쌀) 150g
② 도라지(찢은 것) 20g
③ 애호박(중, 길이 6cm) 60g
④ 고사리(불린 것) 30g
⑤ 청포묵 40g
⑥ 소고기 30g
⑦ 달걀 1개
⑧ 건다시마(5×5cm) 1장
⑨ 대파(흰 부분 4cm) 1토막
⑩ 마늘 2쪽
⑪ 고추장 40g
⑫ 진간장 15mL
⑬ 흰설탕 15g
⑭ 깨소금 5g
⑮ 참기름 5mL
⑯ 검은후춧가루 1g
⑰ 소금 10g
⑱ 식용유 30mL

조리과정

01 재료는 깨끗이 세척하고 다시마는 젖은 행주나 면보로 한번 닦아 줍니다.
쌀을 한번 씻어서 물기를 제거하여 계량컵에 담아 계량해주세요.

02 청포묵은 0.5×0.5×5cm로 썬 다음 데쳐 줍니다.
만약 고사리가 굵고 질긴 것이 나왔을 경우 한번 데쳐 주는 것이 좋습니다.

03. 쌀1:물1 동량의 비율로 물을 넣어 밥을 지어주세요. 강불에서 가열하다가 물이 끓으면 뚜껑을 덮고 중불에서 3분 약불에서 5분간 뜸을 들여 밥을 지어줍니다.

> Tip 뜸을 들이다 소리가 나면 시간에 상관없이 불을 꺼 뜸을 들여주세요.

04. 도라지는 0.3cm×0.3cm×5cm로 채썰어 소금물에 절이거나 소금에 문질러 씻어 쓴맛을 제거해 주세요.

05. 호박은 돌려 깎아 0.3cm×0.3cm×5cm로 채 썬 다음 소금을 뿌려 절여주세요.

06. 고사리는 5cm로 다듬어 주세요.

07. 소고기는 곱게 채를 썬 뒤 일부는 다져 고추장볶음으로 준비해 주세요.

08. 채 썬 소고기와 다진 소고기 고사리에 양념(간, 설, 참, 깨소금, 후, 파, 마)을 하고 고추장 1큰술, 설탕 1/2큰술, 물 2큰술, 참기름 약간을 넣어 고추장 양념을 준비해 주세요.

09 지단은 황·백 지단으로 나누어 부쳐 5cm 크기로 채 썰어 줍니다.

10 다시마는 식용유 2큰술을 넣고 튀겨 잘게 부셔 주세요.

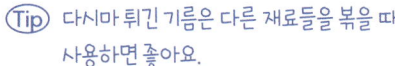
Tip 다시마 튀긴 기름은 다른 재료들을 볶을 때 사용하면 좋아요.

11 도라지 ▶ 애호박 ▶ 고사리 ▶ 소고기 순으로 볶아줍니다.

Tip 고사리는 질기기 때문에 볶을 때 물을 넣어 볶아줍니다.

12 기름에 다진 소고기를 한번 볶아준 뒤 고추장을 넣어 약 불에 볶아주세요.

13 완성 그릇에 밥을 담은 뒤 각각의 재료들을 돌려 담아주고 약고추장을 가운데에 올려준 다음 그 위에 다시마를 올려 완성합니다.

14 비빔밥 완성

합격 Point!

- 재료의 각각의 색을 살릴 수 있도록 **오래 볶아 색이 변하지 않게 주의**합니다.
- **밥은 질지 않고 고슬고슬하게** 지을 수 있도록 합니다.

Part 7.

휴대용 핵심 레시피

무생채
| 시험시간 15분 |

※ **요구사항**
주어진 재료를 사용하여 다음과 같이 무생채를 만드시오.
가. 무는 0.2cm×0.2cm×6cm로 썰어 사용하시오.
나. 생채는 고춧가루를 사용하시오.
다. 무생채는 70g 이상 제출하시오.

※ **지급재료**
무 100g, 소금 5g, 고춧가루 10g, 흰설탕 10g, 식초 5mL, 대파 1토막, 마늘 1쪽, 깨소금 5g, 생강 5g

※ **조리법**
1. **무** : 썰기(6×0.2×0.2cm)
2. **생강, 파, 마늘** : 다지기
3. **고춧가루 물들이기**
4. **무치기**

도라지생채
| 시험시간 15분 |

※ **요구사항**
주어진 재료를 사용하여 다음과 같이 도라지생채를 만드시오.
가. 도라지는 0.3cm×0.3cm×6cm로 써시오.
나. 생채는 고추장과 고춧가루 양념으로 무쳐 제출하시오.

※ **지급재료**
통도라지(껍질 있는 것) 3개, 대파 1토막, 마늘 1쪽, 고추장 20g, 소금 5g, 고춧가루 10g, 흰설탕 10g, 식초 15mL, 깨소금 5g

※ **조리법**
1. **도라지** : 껍질제거-6×0.3×0.3cm 썰기-소금물(절이기)-물기제거
2. **파, 마늘** : 다지기
3. **양념**(고추장, 고춧가루, 소금, 설탕, 식초, 깨소금)
4. **무치기**
5. **그릇담기**

더덕생채
| 시험시간 20분 |

두부젓국찌개
| 시험시간 20분 |

※ 요구사항

주어진 재료를 사용하여 다음과 같이 더덕생채를 만드시오.

가. 더덕은 5cm로 썰어 두들겨 편 후 찢어서 쓴맛을 제거하여 사용하시오.
나. 고춧가루로 양념하고, 전량 제출하시오.

※ 지급재료

통더덕 2개, 마늘 1쪽, 흰설탕 5g, 식초 5mL, 대파 1토막, 소금 5g, 깨소금 5g, 고춧가루 20g

※ 조리법

1. **더덕** : 5cm 다듬기-껍질제거-칼집-
   소금물(절이기)-씻기-수분제거-두들기기-
   가늘게 찢기
2. **고춧가루에 버무리기**
3. **양념**(식초, 소금, 깨소금, 다진 파, 다진 마늘, 설탕)

※ 요구사항

주어진 재료를 사용하여 다음과 같이 두부젓국찌개를 만드시오.

가. 두부는 2cm×3cm×1cm로 써시오.
나. 홍고추는 0.5cm×3cm, 실파는 3cm 길이로 써시오.
다. 소금과 다진 새우젓의 국물로 간하고, 국물을 맑게 만드시오.
라. 찌개의 국물은 200mL 이상 제출하시오.

※ 지급재료

두부 100g, 생굴 30g, 실파 20g, 홍고추(생)1/2개, 새우젓 10g, 마늘 1쪽, 참기름 5mL, 소금 5g

※ 조리법

1. **두부** : 3×2×1cm 썰기-찬물
   실파 : 3cm 다듬기
   홍고추 : 3×0.5cm 다듬기
   마늘 : 채썰기 or 다지기
2. **굴** : 씻기
3. **냄비** : 물 2C-새우젓국물, 마늘-두부, 홍고추-굴-
   소금,실파-참기름
4. **그릇담기(국물의 양 1C 이상)**

북어구이
| 시험시간 20분 |

오이소박이
| 시험시간 20분 |

※ 요구사항
주어진 재료를 사용하여 다음과 같이 북어구이를 만드시오.
가. 구워진 북어의 길이는 5cm로 하시오.
나. 유장으로 초벌구이 하고, 고추장 양념으로 석쇠에 구우시오.
다. 완성품은 3개를 제출하시오(단, 세로로 잘라 3/6토막 제출할 경우 수량부족으로 실격 처리됩니다.).

※ 지급재료
북어포 1마리, 진간장 20mL, 대파 1토막, 마늘 2쪽, 고추장 40g, 흰설탕 10g, 깨소금 5g, 참기름 15mL, 검은후춧가루 2g, 식용유 10mL

※ 조리법
1. **북어** : 머리 제거-불리기-수분제거-지느러미, 꼬리제거
2. **유장(간장, 참기름)-석쇠(초벌구이)**
3. **양념발라 다시 굽기**
4. **그릇담기**

※ 요구사항
주어진 재료를 사용하여 다음과 같이 오이소박이를 만드시오.
가. 오이는 6cm길이로 3토막 내시오.
나. 오이에 3~4갈래 칼집을 넣을 때 양쪽 끝이 1cm 남도록 하고, 절여 사용하시오.
다. 소를 만들 때 부추는 1cm 길이로 썰고, 새우젓은 다져 사용하시오.
라. 그릇에 묻은 양념을 이용하여 국물을 만들어 소박이 위에 부어내시오.

※ 지급재료
오이(가는 것, 20cm 정도) 1개, 부추 20g, 새우젓 10g, 고춧가루 10g, 대파(4cm, 흰부분) 1토막, 마늘(중, 깐 것) 1쪽, 생강 10g, 소금 50g

※ 조리법
1. **오이** : 오이세척 – 6cm로 3개 자르기 – + 칼집내기 – 소금물에 절이기
2. **부추는 1cm로 썰기**
3. **파, 마늘, 생강 다지기**
4. **새우젓** : 다지기 – 채에 걸러 즙만 사용. 물 1T를 추가해서 양념으로 사용
5. **양념장** : 고춧가루, 새우젓, 다진 대파, 다진 마늘, 다진 생강, 소금
6. **부추는 나중에 양념장에 넣고 섞기**
7. **오이속에 속 넣어주기**

육원전
| 시험시간 20분 |

※ 요구사항
주어진 재료를 사용하여 다음과 같이 육원전을 만드시오.
가. 육원전은 지름 4cm, 두께 0.7cm가 되도록 하시오.
나. 달걀은 흰자, 노른자를 혼합하여 사용하시오.
다. 육원전은 6개를 제출하시오.

※ 지급재료
소고기 70g, 두부 30g, 밀가루 20g, 달걀 1개, 대파 1토막, 검은후춧가루, 참기름 5mL, 소금 5g, 마늘 1쪽, 식용유 30mL, 깨소금 5g, 흰설탕 5g

※ 조리법
1. **소고기** : 수분제거-다지기
2. **두부** : 수분제거-으깨기
   파, 마늘 : 다지기
3. **소고기+두부(소금, 설탕, 참기름, 깨소금, 검은후춧가루, 파, 마늘)** : 양념하기-모양만들기-밀가루-달걀-지지기
4. **그릇담기**

육회
| 시험시간 20분 |

※ 요구사항
주어진 재료를 사용하여 다음과 같이 육회를 만드시오.
가. 소고기는 0.3cm×0.3cm×6cm로 썰어 소금 양념으로 하시오.
나. 배는 0.3cm×0.3cm×5cm로 변색되지 않게 하여 가장자리에 돌려 담으시오.
다. 마늘은 편으로 썰어 장식하고 잣가루를 고명으로 얹으시오.
라. 소고기는 손질하여 전량 사용하시오.

※ 지급재료
소고기 90g, 배 1/4개, 잣 5개, 소금 5g, 마늘 3쪽, 대파 2쪽, 검은후춧가루 2g, 참기름 10mL, 흰설탕 30g, 깨소금 5g

※ 조리법
1. **소고기** : 핏물제거-채썰기-수분제거
2. **배** : 채썰기-설탕물
   잣 : 고깔제거-다지기
   마늘 : 편썰기, 다지기
   대파 : 다지기
3. 양념
4. 그릇담기

표고전
| 시험시간 20분 |

※ 요구사항
주어진 재료를 사용하여 다음과 같이 표고전을 만드시오.
가. 표고버섯과 속은 각각 양념하여 사용하시오.
나. 표고전은 5개를 제출하시오.

※ 지급재료
건표고버섯 5개, 소고기 30g, 두부 15g, 밀가루 20g, 달걀 1개, 대파 1토막, 검은후춧가루 1g, 참기름 5mL, 소금 5g, 깨소금 5g, 마늘 1쪽, 식용유 20mL, 진간장 5mL, 흰설탕 5g

※ 조리법
1. **표고** : 수분제거-기둥제거-간장, 설탕, 참기름
2. **소고기** : 수분제거-다지기
   두부 : 수분제거-으깨기
3. **양념-치대기-속 채우기**
4. **밀가루-달걀-지지기**

홍합초
| 시험시간 20분 |

※ 요구사항
주어진 재료를 사용하여 다음과 같이 홍합초를 만드시오.
가. 마늘과 생강은 편으로, 파는 2cm로 써시오.
나. 홍합은 데쳐서 전량 사용하고, 촉촉하게 보이도록 국물을 끼얹어 제출하시오.
다. 잣가루를 고명으로 얹으시오.

※ 지급재료
생홍합 100g, 대파 1토막, 검은후춧가루 2g, 참기름 5mL, 마늘 2쪽, 진간장 40mL, 생강 15g, 흰설탕 10g, 잣 5개

※ 조리법
1. **홍합** : 잔털 제거-끓는 물 데침
2. **마늘, 생강** : 편썰기
3. **파** : 2cm 길이 썰기
4. **잣** : 고깔 제거-다지기
5. **냄비** : 간장, 설탕, 물, 마늘, 생강 끓이기-홍합 중불에 끼얹으며 조리기-파-검은후춧가루, 참기름 넣어 섞기
6. 홍합초 담고 조린 국물 약간 끼얹기-위에 잣가루 뿌리기

너비아니구이
| 시험시간 25분 |

두부조림
| 시험시간 25분 |

※ 요구사항
주어진 재료를 사용하여 다음과 같이 너비아니구이를 만드시오.
가. 완성된 너비아니는 0.5cm×4cm×5cm로 하시오.
나. 석쇠를 사용하여 굽고, 6쪽 제출하시오.
다. 잣가루를 고명으로 얹으시오.

※ 지급재료
소고기 100g, 진간장 50mL, 대파 1토막, 마늘 2쪽, 검은후춧가루 2g, 흰설탕 10g, 깨소금 5g, 참기름 10mL, 배 1/8개, 식용유 10mL, 잣 5개

※ 조리법
1. **소고기** : 6×5×0.4cm 편썰기-두들기기-다듬기
2. **배** : 껍질 제거-강판갈기-배즙만들기
3. **양념장**(간장1T, 설탕 1/2T, 파, 마늘, 깨소금, 검은후춧가루, 참기름, 배즙)-소고기 재우기
4. 석쇠 달구기-기름바르기-타지않게 굽기
5. **잣** : 다지기
6. 그릇담기-잣 뿌리기

※ 요구사항
주어진 재료를 사용하여 다음과 같이 두부조림을 만드시오.
가. 두부는 0.8cm×3cm×4.5cm로 잘라 지져서 사용하시오.
나. 8쪽을 제출하고, 촉촉하게 보이도록 국물을 약간 끼얹어 내시오.
다. 실고추와 파채를 고명으로 얹으시오.

※ 지급재료
두부 200g, 대파 1토막, 실고추 1g, 검은후춧가루 1g, 참기름 5mL, 소금 5g, 마늘 1쪽, 식용유 30mL, 진간장15mL, 깨소금 5g, 흰설탕 5g

※ 조리법
1. **두부 썰기(0.8×3×4.5cm)** : 소금-수분제거
2. **실고추** : 다듬기
   대파 : 채썰기
3. **두부** : 지지기(팬)
4. **냄비** : 두부-양념장(간장, 설탕, 참기름, 깨소금, 검은후춧가루, 파, 마늘)-물1/2컵-조리기-고명올리기
5. 그릇담기

생선전
| 시험시간 25분 |

※ 요구사항
주어진 재료를 사용하여 다음과 같이 생선전을 만드시오.
가. 생선은 세장 뜨기하여 껍질을 벗겨 포를 뜨시오.
나. 생선전은 0.5cm×5cm×4cm로 만드시오.
다. 달걀은 흰자, 노른자를 혼합하여 사용하시오.
라. 생선전은 8개 제출하시오.
※ 지급재료
동태 1마리, 밀가루 30g, 달걀 1개, 소금 10g, 흰후춧가루, 식용유 50mL
※ 조리법
1. 생선 : 비늘, 지느러미, 머리, 내장, 꼬리 제거-3장 뜨기-잔가시, 껍질제거-포뜨기(5×6×0.5cm)-두들기기-소금·흰후추-수분제거
2. 밀가루-달걀-지지기
3. 그릇담기(8개 이상)

재료썰기
| 시험시간 25분 |

※ 요구사항
주어진 재료를 사용하여 다음과 같이 재료 썰기를 하시오.
가. 무, 오이, 당근, 달걀지단을 썰기 하여 전량 제출하시오.
　(단, 재료별 써는 방법이 틀렸을 경우 실격 처리됩니다.)
나. 무는 채썰기, 오이는 돌려깎기하여 채썰기, 당근은 골패썰기를 하시오.
다. 달걀은 흰자와 노른자를 분리하여 알끈과 거품을 제거하고 지단을 부쳐 완자(마름모꼴)모양으로 각 10개를 썰고, 나머지는 채썰기를 하시오.
라. 재료 썰기의 크기는 다음과 같이 하시오.
　1) 채썰기 - 0.2 cm×0.2 cm×5 cm
　2) 골패썰기 - 0.2 cm×1.5 cm×5 cm
　3) 마름모형 썰기 - 한 면의 길이가 1.5 cm
※ 지급재료
무 100g, 오이 1/2개, 당근 1토막, 달걀 3개, 식용유 20mL, 소금 10g
※ 조리법
1. 재료세척
2. 채썰기
　· 무 : 0.2cm×0.2cm×5cm 채썰기
　· 오이 : 돌려깎아 채썰기
　· 당근 : 0.2cm×1.5cm×5cm 골패썰기
3. 황백지단
　· 마름모썰기(10개씩) : 1.5cm×1.5cm
　· 나머지 채썰기

풋고추전
| 시험시간 25분 |

더덕구이
| 시험시간 30분 |

※ **요구사항**

주어진 재료를 사용하여 다음과 같이 풋고추전을 만드시오.

가. 풋고추는 5cm 길이로, 소를 넣어 지져내시오.
나. 풋고추는 잘라 데쳐서 사용하며, 완성된 풋고추전은 8개를 제출하시오.

※ **지급재료**

풋고추 2개, 소고기 30g, 두부 15g, 밀가루 15g, 달걀 1개, 대파 1토막, 검은후춧가루 1g, 참기름 5mL, 소금 5g, 깨소금 5g, 마늘 1쪽, 식용유 20mL, 흰설탕 5g

※ **조리법**

1. **고추** : 반으로 갈라–5cm 다듬기–씨제거–데치기–찬물식히기
2. **소고기** : 수분제거–다지기
   두부 : 수분제거–으깨기
   파, 마늘 : 다지기
3. **소고기+두부(소금, 설탕, 참기름, 깨소금, 검은후춧가루, 파, 마늘)** : 양념하기–고추속채우기–밀가루–달걀–지지기
4. 그릇담기

※ **요구사항**

주어진 재료를 사용하여 다음과 같이 더덕구이를 만드시오.

가. 더덕은 껍질을 벗겨 사용하시오.
나. 유장으로 초벌구이 하고, 고추장 양념으로 석쇠에 구우시오.
다. 완성품은 전량 제출하시오.

※ **지급재료**

통더덕 3개, 진간장 10mL, 대파 1토막, 마늘 1쪽, 고추장 30g, 흰설탕 5g, 깨소금 5g, 참기름 10mL, 소금 10g, 식용유 10mL

※ **조리법**

1. **더덕** : 껍질제거–칼집내기–소금물–씻기–수분제거후 두들기기
2. 초벌구이(간장, 참기름)
3. 양념발라 굽기
4. 그릇에 담기

섭산적 | 시험시간 30분 |

※ 요구사항
주어진 재료를 사용하여 다음과 같이 섭산적을 만드시오.

가. 고기와 두부의 비율을 3:1 정도로 하시오.
나. 다져서 양념한 소고기는 크게 반대기를 지어 석쇠에 구우시오.
다. 완성된 섭산적은 0.7cm×2cm×2cm로 9개 이상 제출하시오.

※ 지급재료
소고기 살코기 80g, 두부 30g, 대파 흰부분(4cm) 1토막, 마늘 1쪽, 소금 5g, 흰설탕 10g, 깨소금 5g, 참기름 5mL, 검은후춧가루 2g, 잣 깐 것 10개, 식용유 30mL

※ 조리법
1. **소고기**:수분제거-다지기
   두부:수분제거-으깨기
2. **파, 마늘**:다지기
3. **두부+소고기**:양념-치대기-모양만들기-잔칼집
4. 석쇠굽기-식히기-썰기
5. **잣**:고깔제거-다지기
6. 그릇담기-잣가루 올리기

생선양념구이 | 시험시간 30분 |

※ 요구사항
주어진 재료를 사용하여 다음과 같이 생선양념구이를 만드시오.

가. 생선은 머리와 꼬리를 포함하여 통째로 사용하고 내장은 아가미 쪽으로 제거하시오.
나. 칼집 넣은 생선은 유장으로 초벌구이하고, 고추장양념으로 석쇠에 구우시오.
다. 생선구이는 머리 왼쪽, 배 앞쪽 방향으로 담아내시오.

※ 지급재료
조기 1마리, 진간장 20mL, 대파 1토막, 마늘 1쪽, 고추장 40g, 흰설탕 5g, 깨소금 5g, 참기름 5mL, 소금 20g, 검은후춧가루 2g, 식용유 10mL

※ 조리법
1. **생선** : 비늘, 지느러미 제거-아가미로 내장제거-칼집-소금-씻기-수분제거
2. 유장(간장, 참기름)-석쇠굽기(초벌구이)
3. 양념발라 다시 굽기

생선찌개
| 시험시간 30분 |

오징어볶음
| 시험시간 30분 |

※ 요구사항

주어진 재료를 사용하여 다음과 같이 생선찌개를 만드시오.

가. 생선은 4~5cm의 토막으로 자르시오.
나. 무, 두부는 2.5cm×3.5cm×0.8cm로 써시오.
다. 호박은 0.5cm 반달형, 고추는 통 어슷썰기, 쑥갓과 파는 4cm로 써시오.
라. 고추장, 고춧가루를 사용하여 만드시오.
마. 각 재료는 익는 순서에 따라 조리하고, 생선살이 부서지지 않도록 하시오.
바. 생선머리를 포함하여 전량 제출하시오.

※ 지급재료

동태 1마리, 무 60g, 애호박 30g, 두부 60g, 풋고추 1개, 홍고추(생)1개, 쑥갓 10g, 마늘 2쪽, 생강 10g, 실파 40g, 고추장 30g, 소금 10g, 고춧가루 10g

※ 조리법

1. 생선 : 비늘, 지느러미, 꼬리, 이빨, 아가미, 내장제거(알, 이리 제외)-몸통은 5~6cm
2. 호박 : 0.5cm 반달썰기
   무, 두부 : 2.5×3.5×0.8cm 썰기
   실파 : 4cm 썰기
   쑥갓 : 다듬기-찬물
   홍고추, 청고추 : 어슷썰기-씨제거
3. 냄비 : 물+무+고추장+고춧가루-생선-호박-두부, 홍고추, 마늘, 생강, 소금-실파, 풋고추
4. 그릇담기(쑥갓)

※ 요구사항

주어진 재료를 사용하여 다음과 같이 오징어볶음을 만드시오.

가. 오징어는 0.3cm 폭으로 어슷하게 칼집을 넣고, 크기는 4cm×1.5cm 로 써시오.
   (단, 오징어 다리는 4cm 길이로 자른다.)
나. 고추, 파는 어슷썰기, 양파는 폭 1cm로 써시오.

※ 지급재료

물오징어 1마리, 소금 5g, 진간장 10mL, 흰설탕 20g, 참기름 10mL, 깨소금 5g, 풋고추 1개, 홍고추 1개, 양파 1/3개, 마늘 2쪽, 대파 1토막, 생강 5g, 고춧가루 15g, 고추장 50g, 검은후춧가루 2g, 식용유 30mL

※ 조리법

1. 오징어 : 반가르기-다리분리-내장제거-껍질제거-안쪽칼집(0.3cm간격)-4×2cm
2. 양파 : 1cm 너비 썰기
   대파 : 4cm 어슷썰기
   홍고추 : 4cm 어슷썰기-씨제거
3. 마늘, 생강 : 다지기
4. 양념장 만들기(고추장, 고춧가루, 설탕, 간장, 마늘, 생강, 깨소금, 참기름, 검은후춧가루)
5. 팬-기름-오징어-양파-양념장-볶기-홍고추, 풋고추, 대파-참기름
6. 그릇담기

Part 7. 휴대용 핵심 레시피

완자탕
| 시험시간 30분 |

장국죽
| 시험시간 30분 |

※ **요구사항**

주어진 재료를 사용하여 다음과 같이 완자탕을 만드시오.

가. 완자는 지름 3cm로 6개를 만들고, 국 국물의 양은 200mL 이상 제출하시오.
나. 달걀은 지단과 완자용으로 사용하시오.
다. 고명으로 황·백지단(마름모꼴)을 각 2개씩 띄우시오.

※ **지급재료**

소고기(살코기) 50g, 소고기 20g, 달걀 1개, 대파 1/2토막, 밀가루 10g, 마늘 2쪽, 식용유 20mL, 소금 10g, 검은후춧가루 2g, 두부 15g, 키친타올 1장, 국간장 5mL, 참기름 5mL, 깨소금 5g, 흰설탕 5g

※ **조리법**

1. **소고기** : 핏물제거-육수끓이기(파, 마늘)-면보거르기-국간장·소금
2. **소고기** : 수분제거-다지기
   두부 : 수분제거-으깨기
   파, 마늘 : 다지기
3. **소고기+두부** : 양념-치대기-모양만들기-밀가루-달걀-굴리며 익히기
4. **달걀(황·백지단)** : 마름모썰기
5. **냄비** : 육수-완자익히기
6. **담기**-마름모 지단 올리기

※ **요구사항**

주어진 재료를 사용하여 다음과 같이 장국죽을 만드시오.

가. 불린 쌀을 반 정도로 싸라기를 만들어 죽을 쑤시오.
나. 소고기는 다지고 불린 표고는 3cm의 길이로 채 써시오.

※ **지급재료**

쌀 100g, 소고기 20g, 건표고버섯 1개, 대파 1토막, 마늘 1쪽, 진간장 10mL, 깨소금 5g, 검은후춧가루 1g, 참기름 10mL, 국간장 10mL

※ **조리법**

1. **쌀**-씻기-부수기
2. **소고기** : 핏물제거-다지기-양념
   표고 : 수분제거-포뜨기-채썰기-양념
3. **냄비** : 참기름-소고기-표고-쌀-물-끓이기-국간장
4. **그릇담기**

제육구이
| 시험시간 30분 |

콩나물밥
| 시험시간 30분 |

※ 요구사항

주어진 재료를 사용하여 다음과 같이 제육구이를 만드시오.
가. 완성된 제육은 0.4cm×4cm×5cm로 하시오.
나. 고추장 양념하여 석쇠에 구우시오.
다. 제육구이는 전량 제출하시오.

※ 지급재료

돼지고기 150g, 고추장 40g, 진간장 10mL, 대파 1토막, 마늘 2쪽, 검은후춧가루 2g, 흰설탕 15g, 깨소금 5g, 참기름 5mL, 생강 10g, 식용유 10mL

※ 조리법

1. **돼지 등심** : 5.5cm×4.5cm×0.5cm썰기-칼집, 두들기기-다듬기
2. **양념**(고추장, 간장, 설탕, 참기름, 깨소금, 검은후춧가루, 다진파, 다진마늘, 생강즙)
3. 석쇠굽기
4. 그릇담기

※ 요구사항

주어진 재료를 사용하여 다음과 같이 콩나물밥을 만드시오.
가. 콩나물은 꼬리를 다듬고 소고기는 채 썰어 간장양념을 하시오.
나. 밥을 지어 전량 제출하시오.

※ 지급재료

쌀 30분정도 물에 불린쌀 150g, 콩나물 60g, 소고기 살코기 30g, 대파 흰부분(4cm) 1토막, 마늘 1쪽, 진간장 5mL, 참기름 5mL

※ 조리법

1. **쌀**:씻기-수분제거
2. **소고기**:수분제거-채썰기-양념
3. **콩나물**:씻기-다듬기-수분제거
4. **냄비**:쌀-물-소고기-콩나물-밥짓기-뜸들이기

겨자채
| 시험시간 35분 |

※ 요구사항
주어진 재료를 사용하여 다음과 같이 겨자채를 만드시오.

가. 채소, 편육, 황·백지단, 배는 0.3cm×1cm×4cm로 써시오.
나. 밤은 모양대로 납작하게 써시오.
다. 겨자는 발효시켜 매운맛이 나도록 하여 간을 맞춘 후 재료를 무쳐서 담고, 통잣을 고명으로 올리시오.

※ 지급재료
양배추 50g, 오이 1/3개, 당근 50g, 소고기 50g, 밤 2개, 달걀 1개, 배 1/8개, 흰설탕 20g, 잣 5개, 소금 5g, 식초 10mL, 진간장 5mL, 겨자가루 6g, 식용유 10mL

※ 조리법
1. **소고기** : 핏물제거-삶기-썰기
2. **오이, 당근, 양배추** : 4×1×0.3cm-찬물-수분제거
   밤 : 껍질제거-편썰기-설탕물
   배 : 4×1×0.3cm-설탕물
   달걀 : 황·백 지단-4×1cm 썰기
3. **겨자** : 물-숙성-설탕, 식초, 간장, 소금
4. **무치기**
5. **그릇 담기** : 잣 고명 올리기

미나리강회
| 시험시간 35분 |

※ 요구사항
주어진 재료를 사용하여 다음과 같이 미나리강회를 만드시오.

가. 강회의 폭은 1.5cm, 길이는 5cm 로 만드시오.
나. 붉은 고추의 폭은 0.5cm, 길이는 4cm 로 만드시오.
다. 달걀은 황·백지단으로 사용하시오.
라. 강회는 8개 만들어 초고추장과 함께 제출하시오.

※ 지급재료
소고기 80g, 미나리 30g, 홍고추(생) 1개, 달걀 2개, 고추장 15g, 식초 5mL, 흰설탕 5g, 소금 5g, 식용유 10mL

※ 조리법
1. **미나리** : 다듬기-데치기-찬물-다듬기
2. **소고기** : 핏물제거-삶기-썰기(1.5×5cm)
3. **홍고추** : 씨제거-썰기(0.5×4cm)
4. **달걀** : 황·백지단-썰기(1.5×5cm)
5. **초고추장**(고추장, 설탕, 식초)
6. **강회 말기**

배추김치
| 시험시간 35분 |

잡채
| 시험시간 35분 |

※ 요구사항
주어진 재료를 사용하여 다음과 같이 배추김치를 만드시오.
가. 배추는 씻어 물기를 빼시오.
나. 찹쌀가루로 찹쌀풀을 쑤어 식혀 사용하시오.
다. 무는 0.3cm×0.3cm×5cm 크기로 채 썰어 고춧가루로 버무려 색을 들이시오.
라. 실파, 갓, 미나리, 대파(채썰기)는 4cm로 썰고, 마늘, 생강, 새우젓은 다져 사용하시오.
마. 소의 재료를 양념하여 버무려 사용하시오.
바. 소를 배춧잎 사이사이에 고르게 채워 반을 접어 바깥잎으로 전체를 싸서 담아내시오.

※ 지급재료
절임배추(포기당 2.5~3kg) 1/4포기(포기당 500g ~600g), 무(길이 5cm이상) 100g, 실파 20g(쪽파 대체가능), 갓 20g(적겨자 대체가능), 미나리(줄기부분) 10g, 찹쌀가루(건식가루) 10g, 새우젓 20g, 멸치액젓 10mL, 대파(4cm, 흰부분) 1토막, 마늘(중, 깐 것) 2쪽, 생강 10g, 고춧가루 50g, 소금 10g, 흰설탕 10g

※ 조리법
1. **찹쌀가루** : 물을 넣어 풀쑤기
2. **무** : 5cm 채썰기하고 고춧가루를 넣고 색을 내어준다.
3. **썰기**
   채썰기 5cm : 무
   채썰기 4cm : 실파, 미나리, 대파
   다지기 : 마늘, 생강, 새우젓
4. **양념하기** : 찹쌀풀, 마늘, 생강, 멸치액젓, 고춧가루, 설탕, 소금, 채썬 대파 →고춧가루에 버무린 무채 →초록채소 넣기(미나리, 실파, 갓)
5. **배추에 양념 버무리고 겉잎으로 단단히 고정해주기**

※ 요구사항
주어진 재료를 사용하여 다음과 같이 잡채를 만드시오.
가. 소고기, 양파, 오이, 당근, 도라지, 표고버섯은 0.3cm×0.3cm×6cm 정도로 썰어 사용하시오.
나. 숙주는 데치고 목이버섯은 찢어서 사용하시오.
다. 당면은 삶아서 유장처리하여 볶으시오.
라. 황·백지단은 0.2cm×0.2cm×4cm로 썰어 고명으로 얹으시오.

※ 지급재료
당면 20g, 소고기 살코기 길이 7cm 30g, 건포고버섯 지름5cm, 물에 불린 것 1개, 건목이버섯 지름 5cm, 물에 불린 것 2개, 양파 중 150g 1/3개, 오이 길이 20cm 1/3개, 당근 길이 7cm 50g, 통도라지 껍질있는 것 길이 20cm 1개, 숙주 생것 20g, 흰설탕 10g, 대파 흰부분(4cm) 1토막, 마늘 중 2쪽, 진간장 20mL, 식용유 50mL, 깨소금 5g, 검은후춧가루1g, 참기름 5mL, 소금 15g, 달걀 1개

※ 조리법
1. **당면**-물 묻히기-자르기-불리기
2. **숙주**:거두절미-데치기-찬물-소금, 참기름
3. **오이, 당근**:채썰기-소금 -볶기
   • **도라지**:채썰기-소금물(쓴맛제거)-볶기
   • **양파**:채썰기-볶기
4. **소고기, 표고, 목이(뜯기)**-채썰기-양념-볶기
5. **당면**:삶기-간장, 설탕, 참기름, 볶기
6. **달걀**:황·백지단-채썰기
7. **당면+볶은재료+숙주**-버무리기
8. **그릇담기**:지단올리기

지짐누름적
| 시험시간 35분 |

※ **요구사항**
주어진 재료를 사용하여 다음과 같이 지짐누름적을 만드시오.
가. 각 재료는 0.6cm×1cm×6cm로 하시오.
나. 누름적의 수량은 2개를 제출하고, 꼬치는 빼서 제출하시오.

※ **지급재료**
소고기 50g, 실파 2개, 당근 50g, 달걀 1개, 밀가루 20g, 진간장 10mL, 마늘 1쪽, 대파 1토막, 검은후춧가루 2g, 참기름 5mL, 흰설탕 5g, 깨소금 5g, 식용유 30mL, 소금 5g

※ **조리법**
1. **당근, 도라지** : 다듬기 0.6cm×1cm×6cm-데치기-볶기
2. **실파** : 자르기 6cm
   표고 : 자르기 0.6cm×1cm×6cm-양념-굽기
   소고기 : 썰기 0.6cm×1cm×7cm-칼집, 두들기기-양념-굽기
3. 밀가루-달걀-지지기
4. 식히기-꼬치제거-그릇담기

탕평채
| 시험시간 35분 |

※ **요구사항**
주어진 재료를 사용하여 다음과 같이 탕평채를 만드시오.
가. 청포묵은 0.4cm×0.4cm×6cm로 썰어 데쳐서 사용하시오.
나. 모든 부재료의 길이는 4~5cm로 써시오.
다. 소고기, 미나리, 거두절미한 숙주는 각각 조리하여 청포묵과 함께 초간장으로 무쳐 담아내시오.
라. 황·백지단은 4cm 길이로 채 썰고, 김은 구워 부셔서 고명으로 얹으시오.

※ **지급재료**
청포묵 150g, 소고기 20g, 숙주 20g, 미나리 10g, 달걀 1개, 김 1/4장, 진간장 20mL, 마늘 2쪽, 대파 1토막, 검은후춧가루 1g, 참기름 5mL, 흰설탕 5g, 깨소금 5g, 식초 5mL, 소금 5g, 식용유 10mL

※ **조리법**
1. **청포묵** : 0.4cm×0.4cm×6cm 자르기-데치기-찬물-소금, 참기름
   숙주 : 거두절미-데치기-찬물-소금, 참기름
   미나리 : 다듬기-데치기-찬물-소금, 참기름
2. **소고기** : 채썰기-양념-볶기
   김 : 굽기
   달걀 : 황·백지단-채썰기
3. **초간장(간장, 식초, 설탕)** : 버무리기
4. **그릇담기** : 김, 지단 고명올리기

화양적
| 시험시간 35분 |

칠전판
| 시험시간 40분 |

※ 요구사항
주어진 재료를 사용하여 다음과 같이 화양적을 만드시오.
가. 화양적은 0.6cm×6cm×6cm로 만드시오.
나. 달걀노른자로 지단을 만들어 사용하시오.
  (단, 달걀흰자 지단을 사용하는 경우 실격으로 처리됩니다.)
다. 화양적은 2꼬치를 만들고 잣가루를 고명으로 얹으시오.

※ 지급재료
소고기 50g, 건표고버섯 1개, 당근 50g, 오이 1/2개, 통도라지 1개, 산적꼬치 2개, 진간장 5mL, 대파 1토막, 마늘 1쪽, 소금 5g, 흰설탕 5g, 깨소금 5g, 참기름 5mL, 검은후춧가루 2g, 잣 10개, 달걀 2개, 식용유 30mL

※ 조리법
1. **당근, 도라지** : 6cm×1cm×0.6cm 썰기-데치기-찬물-볶기
2. **오이** : 6cm×1cm×0.6cm 썰기-절이기-볶기
   표고 : 6cm×1cm-양념-볶기
   소고기 : 7cm×1cm×0.6cm-칼집-두드리기-양념-볶기
3. **황색지단** : 접으며 부치기-6cm×1cm 썰기
4. **잣** : 고깔제거-다지기
5. **꼬치 끼우기-다듬기**
6. **그릇담기(잣가루)**

※ 요구사항
주어진 재료를 사용하여 다음과 같이 칠절판을 만드시오.
가. 밀전병은 지름이 8cm가 되도록 6개를 만드시오.
나. 채소와 황·백지단, 소고기는
    0.2cm×0.2cm×5cm로 써시오.
다. 석이버섯은 곱게 채를 써시오.

※ 지급재료
소고기 50g, 오이 1/2개, 당근 50g, 달걀 1개, 석이버섯 5g, 밀가루 50g, 진간장 20mL, 마늘 2쪽, 대파 1토막, 검은후춧가루 1g, 참기름 10mL, 흰설탕 10g, 깨소금 5g, 식용유 30mL, 소금 10g

※ 조리법
1. **당근** : 0.2cm×0.2cm×5cm 채썰기-소금-볶기
   오이 : 0.2cm×0.2cm×5cm 돌려깎기-채썰기-소금-볶기
   석이버섯 : 불리기-세척-자르기-볶기(소금, 참기름)
   달걀 : 황·백지단-채 5cm 썰기
   소고기 : 5cm 채썰기-양념-볶기
2. **밀가루, 물, 소금** : 체내리기-밀전병 부치기(6장)
3. **그릇담기**

비빔밥

시험시간 50분

※ 요구사항
주어진 재료를 사용하여 다음과 같이 비빔밥을 만드시오.

가. 채소, 소고기, 황·백지단의 크기는 0.3cm×0.3cm×5cm로 써시오.
나. 호박은 돌려깎기하여 0.3cm×0.3cm×5cm로 써시오.
다. 청포묵의 크기는 0.5cm×0.5cm×5cm로 써시오.
라. 소고기는 고추장 볶음과 고명에 사용하시오.
마. 담은 밥 위에 준비된 재료들을 색 맞추어 돌려 담으시오.
바. 볶은 고추장은 완성된 밥 위에 얹어 내시오.

※ 지급재료
쌀 150g, 애호박 60g, 도라지 20g, 고사리 30g, 청포묵 40g, 소고기 30g, 달걀 1개, 건다시마 1장, 고추장 40g, 식용유 30mL, 대파 1토막, 마늘 2쪽, 진간장 15mL, 흰설탕 15g, 깨소금 5g, 검은후춧가루 1g, 참기름 5mL, 소금 10g

※ 조리법
1. **청포묵** : 썰기(0.5×0.5×5cm)-데치기-소금, 참기름
2. **쌀** : 씻기-수분제거-밥짓기-뜸들이기
3. **도라지** : 다듬기(5cm)-소금물(쓴맛제거)-볶기
   호박 : 돌려깎기(5cm)-채썰기-볶기
   달걀 : 황·백지단-채썰기
   고사리 : 5cm로 썰기-양념-볶기
   다시마 : 튀기기-부수기
   소고기 : 채썰기: 6cm 채썰기-양념-볶기
   　　　　　다지기: 볶기-고추장 볶음(고추장, 설탕, 참기름, 물)
4. **그릇에 담기**

하혜란

- 대한민국조리기능장(한식, 양식, 중식, 일식, 제과, 제빵, 떡, 복어 한식조리산업기사 자격보유)
- 한국조리과학고 1기 졸업생
- 오산전문대 식품조리과 졸업
- 현)하쌤요리학원 대표
- 인터넷 쇼핑몰 하쌤의 요리쿡 조리쿡 대표
- 유튜브,네이버TV 조리기능사 전문 크리에이터
- 이마트 문화센터 요리전문강사
- 한국조리과학고등학교 총동문회 상임회장
- 한국조리협회 상임이사
- 한국국제 요리전시대회 심사위원
- 양천구청 평생학습관 강의

유튜버 하쌤의 한식조리기능사 실기 with 유튜브

발행일	2024년 6월 1일
발행인	조순자
발행처	인성재단 (지식오름)
편저자	하혜란
촬영	김재현
사진편집	김태현
메뉴편집보조	한동민, 권오혁
디자인	김보미

※ 낙장이나 파본은 교환해 드립니다.
※ 이 책의 무단 전제 또는 복제행위는 저작권법 제136조에 의거하여 처벌을 받게 됩니다.

정가　　23,000원
ISBN　　979-11-93686-38-6